AF494151

LÉON DEFFOUX

*

J.-K. HUYSMANS

SOUS DIVERS ASPECTS

NOTES, TEXTES OUBLIÉS, RÉFÉRENCES
ET
BIBLIOGRAPHIE

Avec quatre lithographies d'ODILON REDON

PARIS
LES ÉDITIONS G. CRÈS ET Cie
21, RUE HAUTEFEUILLE (VIe)

MCMXXVII

J.-K. HUYSMANS

SOUS DIVERS ASPECTS

DU MÊME AUTEUR

Du Testament à l'Académie Goncourt (Société anonyme d'éditions et de librairie).

Un Communard (Librairie de France).

Edmond de Goncourt, membre de l'Académie de Bellesme (Mercure de France).

Le groupe de Médan (avec Émile ZAVIE. Éditions Crès).

Le comte de Gobineau, don Juan et les cousins d'Isis (Mercure de France).

L'Académie Goncourt « Vingt-cinq ans de littérature », (Librairie de France).

Les origines du gobinisme en Allemagne (Mercure de France).

Anthologie du pastiche (avec Pierre DUFAY. Éditions Crès).

Émile Zola et la sous-préfecture de Castelsarrasin en 1871 (Mercure de France).

A paraître :

Le comte de Gobineau sous divers aspects.

Les Goncourt sous divers aspects.

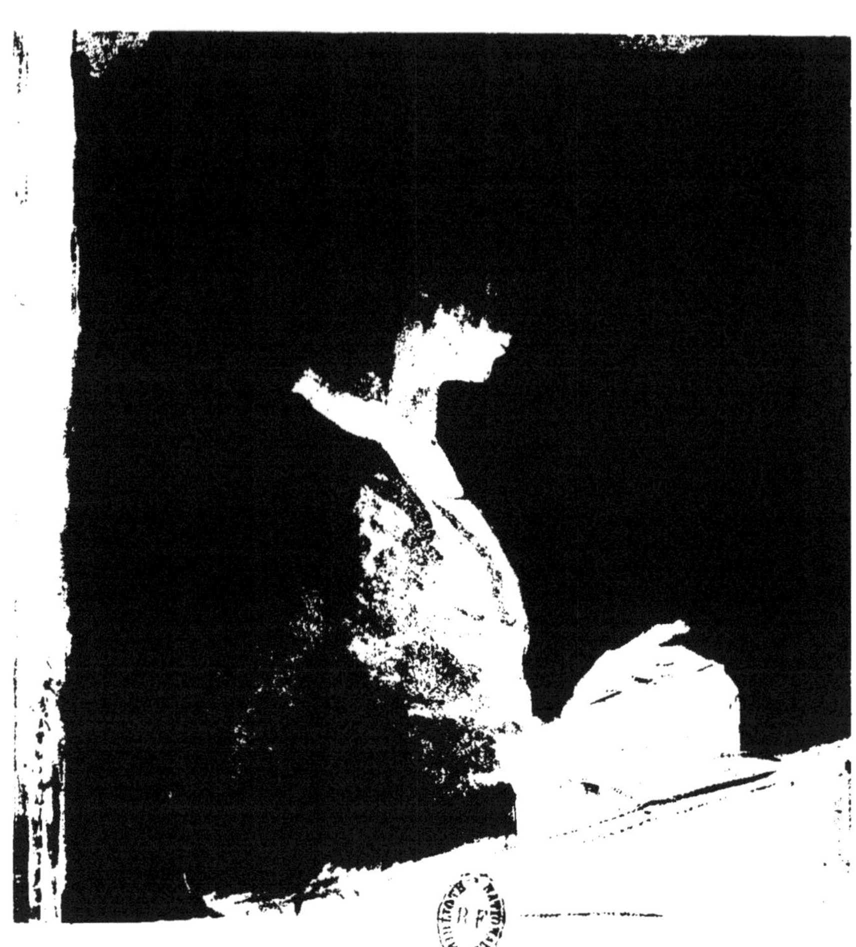

ODILON REDON

HOMME TENANT UN LIVRE

(Peinture.)

Palais des Beaux-Arts de la Ville de Paris.
Don Zoubaloff.

« En peignant ce visage, j'ai songé à Huysmans », disait l'artiste à Marius-Ary Leblond.

LÉON DEFFOUX

J.-K. HUYSMANS

SOUS DIVERS ASPECTS

NOTES, TEXTES OUBLIÉS, RÉFÉRENCES
ET
BIBLIOGRAPHIE

Avec quatre lithographies d'ODILON REDON

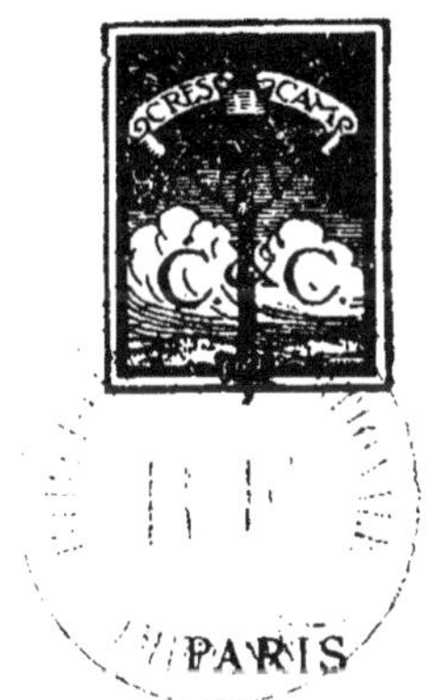

PARIS
LES ÉDITIONS G. CRÈS & Cie
21, RUE HAUTEFEUILLE (VIe)

CMXXVII

IL A ÉTÉ TIRÉ, DU PRÉSENT OUVRAGE, VINGT-CINQ EXEMPLAIRES SUR VÉLIN PUR FIL DES MANUFACTURES DE RIVES, DONT DIX HORS COMMERCE, NUMÉROTÉS DE 1 A 15 ET DE 16 A 25, ET CINQ CENT CINQUANTE EXEMPLAIRES SUR VÉLIN DE SOREL-MOUSSEL DONT CINQUANTE HORS COMMERCE, NUMÉROTÉS DE 26 A 525 ET DE 526 A 575.

555

A NOTRE PRÉSIDENT

LUCIEN DESCAVES

MINISTÈRE
DE
L'INTÉRIEUR

Paris, le 188

L'âme crie de peur. — Et phénomène étrange le corps en pierre glacé la soutient — Elle sent le dedans, les extrémités en elle, là — Elle est comme un oiseau fou qui bat contre les parois du corps.

L'action démoniaque est là, sûre.

—

ces gouffres — la nuit en dessous de soi ; le jour en dessus

—

La vallée — gouffres — la nuit en bas, le jour en haut. nature renversée

Corps debout, ferme la soutient

Les notes autographes ci-contre — dont nous devons la communication à l'obligeance de M. Lucien Descaves — ont été utilisées par J.-K. Huysmans pour le récit de la grande Tentation qui se trouve dans *En Route* (Deuxième partie, chapitre v, pages 366 et suivantes).

Notes de J.-K. Huysmans.	**Texte dans "En Route"**
L'âme crie de peur. – Et, phénomène étrange, le corps en sueur glacé la soutient. Elle sent le démon, dans les ténèbres, en elle, là. Elle est comme un oiseau fou qui bat contre les parois du corps. L'action démoniaque est là, sûre. Ces gouffres — la nuit en dessous de soi, le jour en dessus. La Salette — gouffres — la nuit en bas, le jour en haut. Nature renversée. Corps debout, ferme la soutient.	Dès qu'elle eut l'impression de la présence démoniaque, l'âme trembla tout entière, voulut fuir, tourbillonna ainsi qu'un oiseau qui se cogne aux vitres. Et elle retomba épuisée ; alors, si invraisemblable que cela fût, les rôles de la Vie s'intervertirent ; le corps se dressa, tint bon, commanda l'âme affolée, réprima dans une tension furieuse cette panique... etc.

La troisième et la quatrième notes (*Ces gouffres... La Salette*)... ont été développées dans *La Cathédrale* (p. 10, 11, 25, 26, 27, 29) et dans *Les Foules de Lourdes* (p. 178-179).

N'y a-t-il pas, dans ces notes (et particulièrement dans la dernière : *Corps debout, ferme la soutient*), comme un reflet de la pensée pascalienne sur l'impossibilité de concevoir l'union du corps et de l'âme ?

J.-K. HUYSMANS
SOUS DIVERS ASPECTS

AVERTISSEMENT

Les pages qui suivent ont surtout pour objet de prendre texte de renseignements oubliés ou peu connus afin de rappeler aux fidèles de J.-K. Huysmans quelques références — livres, revues et journaux — offrant un intérêt de curiosité ou de documentation.

Bien entendu, il y aurait encore beaucoup à glaner dans le champ de J.-K. Huysmans ou dans les publications auxquelles il collabora (La Cravache, L'Éclair, La Gazette des Amateurs, La République des Lettres, Le Voltaire, La Réforme, *etc., etc.*).

Nous y reviendrons. D'autres membres de la Société J.-K. Huysmans y reviendront aussi. Tous ces renseignements serviront, quelque jour, à tracer de Huysmans, le grand portrait qui nous manque encore.

Au surplus, le moment n'est pas venu d'essayer de le tracer, ce portrait où il apparaîtra tout entier. Nous ne devons, pour l'instant, nous permettre que des croquis. Or, c'est un des charmes d'une personnalité comme celle de Huysmans que de se prêter le mieux du monde à tous les croquis, à toutes les interprétations, à toutes les recherches.

ACTE DE NAISSANCE

L'an mil huit cent quarante-huit, le six février, à onze heures du matin, par-devant nous, Jacques-Simon Chaudé, chevalier de la Légion d'honneur, adjoint au maire du onzième arrondissement de Paris, remplissant les fonctions d'officier de l'état-civil, est comparu M. Victor-Godefroy-Jean Huysmans[1], dessinateur, âgé de trente-deux ans, demeurant rue Suger, 11, lequel nous a présenté un enfant du sexe masculin, né le cinq de ce mois, à sept heures du matin, susdite demeure, de lui déclarant et d'Élisabeth-Malvina Badin, son épouse, âgée de vingt et un ans, mariés sur cet arrondissement en mil huit cent quarante-cinq, auquel enfant il a été donné les prénoms de Charles-Marie-Georges. Lesdites présentation et déclaration faites en présence de MM. Louis-Emmanuel-Désiré Alavoine, rentier, âgé de quarante-neuf ans, demeurant rue du Petit-

1. Les actes officiels orthographient ce nom sans tréma sur l'y. L'écrivain signait le plus souvent G. Huÿsmans, comme ci-contre. Il réservait à la littérature le « Joris-Karl » qui rappelait ses origines hollandaises et dont les initiales lui plaisaient.

Bourbon-Saint-Sulpice, 5, et Étienne-Marie-Jules Badin, employé, âgé de vingt-six ans, demeurant rue de Sèvres, 11, oncle maternel; et ont le père et les témoins signé avec nous le présent acte après lecture. Signé : Jules Badin, Huysmans, Alavoine et Chaudé.

LES DÉBUTS DE J.-K. HUYSMANS

Les débuts littéraires de J.-K. Huysmans sont marqués par quatre dates principales :

1873 : il se présente, 18, rue Jacob, chez l'éditeur Hetzel, avec le manuscrit de son premier livre : *Le Drageoir à épices*. Hetzel (P.-J. Stahl) lui déclare qu'il n'a aucun talent, qu'il n'en aura jamais et qu'il recommence la Commune dans la langue française[1].

1874 : il édite, à ses frais, chez Dentu, *Le Drageoir à épices*[2].

1875 : il donne ses premiers articles au *Musée des Deux-Mondes*, grâce à M. Eugène Montrosier, rédacteur en chef de cette publication.

M. Eugène Montrosier, chef de bureau à la Compagnie d'assurances générales contre l'incendie, était un esprit singulièrement éclectique. Critique fort peu révolutionnaire, il admirait volontiers la « poésie » de Bornier et la peinture de Detaille. Ce qui ne l'empêcha pas d'être plus sensible qu'Hetzel aux premiers essais de Huysmans; il

1. Cf. *Journal des Goncourt*, 23 mars 1886. Tome VII, page 115.

2. Qui devint *le Drageoir aux Epices* dans la seconde édition. (Paris, Librairie générale, 1875, in-16).

le servit de son mieux et celui-ci lui en garda toujours une vive gratitude.

1876 : Huysmans se rend à Bruxelles et fait éditer, à ses frais, *Marthe*, par le libraire Jean Gay. Ce livre ne se vend pas plus que le premier. Kistemaeckers reprend à Gay les exemplaires invendus, remet le volume en circulation et présente le jeune écrivain à ses amis belges. Huysmans collabore à l'*Artiste*, revue belge que dirige Théodore Hannon, le poète des *Rimes de joie*. Il y publie (19 août 1877), *Sac-au-Dos*.

Hannon présente Huysmans à Camille Lemonnier, et celui-ci insère, dans son journal, l'*Actualité*, des articles de l'auteur de *Sac-au-Dos* [1].

Dans cette même *Actualité*, où Huysmans donna, entre autres études, un *Émile Zola et l'Assommoir*, Henry Céard, présenté à son tour à Camille Lemonnier, publia, en 1878, un article enthousiaste sur la *Fille Élisa ;* cet article le mit en relation avec Edmond de Goncourt. Entre temps, les deux jeunes gens avaient été reçus à Paris, chez Zola ; ils avaient lié connaissance avec Maupassant, Hennique et Alexis.

Le groupe des Soirées de Médan était constitué.

1. L'édition originale de *Sac-au-Dos* (Bruxelles, Imprimerie Félix Callevaert, 1878, in-16 carré) ne fut imprimée qu'à dix exemplaires, tous sur papier de Chine. C'est le tirage à part de la première version parue dans l'*Artiste*. Cette nouvelle fut ensuite publiée dans les *Soirées de Médan*, avec de nombreuses modifications dont on trouve le détail dans le *J.-K. Huysmans* d'Henry Céard et Jean de Caldain (*Revue hebdomadaire*, n° du 28 novembre 1908, pages 524 à 533).

Un exemplaire de cette plaquette fut payé 1.810 francs à la vente Gompel (19 avril 1925).

SES RELATIONS AVEC M. EUGÈNE MONTROSIER ET LE « MUSÉE DES DEUX MONDES »

Lorsqu'il lança, le 1er mai 1873, le premier numéro du *Musée des Deux-Mondes*, l'éditeur Bachelin-Deflorenne expliqua ses intentions dans un avis aux lecteurs.

Ce magazine bi-mensuel, vendu deux francs, avait tout d'abord pour objet de présenter des reproductions en couleurs et en noir de tableaux, aquarelles, pastels des « meilleurs artistes » — et cette expression désignait indistinctement Léopold Flameng, Gavarni, Gustave Brion, Karl Girardet, Paul Baudry, Charles Jacques, Frédéric Régamey, etc.

Quant aux textes littéraires, ils devaient être « traités dans un esprit sérieux et agréable, digne d'un goût large et pur qui prédomine aujourd'hui dans les hautes sphères de la critique ».

« Nous voulons, précisait Bachelin-Deflorenne, que le *Musée des Deux Mondes* puisse égayer, près du foyer, la table de famille. Nous savons que parler à la famille, c'est parler au cœur même de la Patrie. Nous savons ce qu'il faut pour cela de délicatesse, de sentiment, de tact exquis, de raison aimable et sérieuse. Ce qui nous rassure, c'est que, par bonheur, nos collaborateurs le savent mieux encore... »

On ne s'expliquerait guère que les qualités de Huysmans eussent pu répondre à ce programme, si l'on ne savait que le *Musée des Deux-Mondes* ne s'en tint heureusement pas à ces règles un peu strictes. Théodore de Banville, Charles Monselet, Arsène Houssaye, Duranty, Jean Dolent y collaborèrent. Albert Pinard, le romancier de *Madame X*, y écrivit d'audacieuses nouvelles; Paul Alexis y dédia une « histoire tragique », *Mademoiselle d'Entrecasteaux*, « à son ami Paul Bourget » (15 janvier 1877); Anatole France y publia de didactiques considérations sur « les Origines humaines, la Terre, la Transformation et l'ancienneté de l'homme » (1er juillet, 15 juillet, 1er août 1873), et Louis Enault y donna (31 mars 1874), un étonnant article sur Gustave Flaubert qu'il classait « dans cette catégorie stérile et impuissante épuisée par un premier effort, qui n'a jamais eu qu'une idée dans l'enfantement de laquelle se consument toutes ses énergies et qui, après nous avoir donné une œuvre, n'a plus rien à nous offrir. Tel Ernest Feydeau tué sous *Fanny;* tel encore Mario Uchard qui ne vit guère que de la *Fiammina*... »

En somme, cette disparate dans la rédaction, ces honnêtes reproductions chromolithographiques, ces touchantes notes périodiques dans lesquelles Bachelin-Deflorenne revient sur cette idée qu'il faut « toucher la corde délicate et toujours vibrante de la famille », ou encore qu'il convient de « chercher le beau dans ses sources les plus pures comme dans ses plus hautes manifestations », tout cela fait de la collection du *Musée des Deux-Mondes* un ensemble très savoureux à feuilleter aujourd'hui.

Huysmans y apporta surtout sa note archaïque du *Drageoir* et quelques touches d'un naturalisme encore hésitant. Mais, il se sentait soutenu par la sympathie de M. Montrosier, et, cela, il ne l'oublia pas. Il lui dédia « l'Image d'Épinal » des *Croquis parisiens* et, répondant aux remerciements que M. Montrosier lui adressait à propos de cette dédicace, il écrivait :

« Non, ce n'est pas à vous de me remercier, mais à moi. Vous êtes le seul que j'aie connu aimant la littérature avec un esprit aussi large, accueillant les inconnus quand ils vous paraissent avoir du talent. Ce sont des choses que l'on n'oublie pas et c'est une bien faible et bien juste preuve de ma reconnaissance que je vous ai donnée en vous dédiant une pièce que vous aviez bien voulu prendre alors que, dans Paris, pas un journal ne l'aurait acceptée. »

Lorsqu'il envoya à M. Montrosier l'édition originale de *Marthe*, Huysmans y joignit l'envoi autographe ci-dessous :

A E. MONTROSIER

Le premier directeur de Revue
qui m'ait tendu la main
Son dévoué et reconnaissant ami :

J.-K. HUYSMANS.

ARTICLES DE J.-K. HUYSMANS PUBLIÉS DANS LE « MUSÉE DES DEUX-MONDES »

(Nous faisons suivre d'un astérisque (*) les articles que Huysmans n'a repris dans aucun de ses livres.)

1875. — 1er *mars* : Croquis et eaux-fortes. Licenciement de Soudrilles (fin XVIe siècle)*.

1er *avril* : Croquis et eaux-fortes. La Tulipe*.

15 *avril* : Image d'Épinal. (Reproduit dans l'*Artiste*, de Bruxelles.)

15 *mai* : Croquis et eaux-fortes. Un petit coin*.

15 *juin* : Le Sommeil de l'Amour*.

15 *juillet* : Croquis et eaux-fortes. Un campement de Bohémiens*.

1er *septembre* : Une fête à Nogent-sur-Marne*.

1er *octobre* : Nos illustrations : La Cruche cassée, d'après Greuze, par Guillon*.

1er *novembre* : Le bon Compagnon (Musée Trippenhuys, Amsterdam)*.

1er *décembre* : Rococo japonais (Reproduit dans l'*Artiste*, de Bruxelles, puis dans le *Drageoir aux épices*, avec quelques variantes).

15 *décembre* : Le Cellier, eau-forte de François Flameng, d'après Pierre de Hooch (Musée Trippenhuys, Amsterdam)*.

1876. — 15 *janvier* : Croquis et eaux-fortes. Effet de soir*.

15 *février* : La Kermesse, de Rubens. (Avec des variantes dans le *Drageoir aux épices*.)

1er et 15 *mars* : Croquis et eaux-fortes. Maître Karel Brand*.

31 *mars* : Ballade en l'honneur de ma tant douce tourmente. (Reproduit dans l'*Artiste*, de Bruxelles, puis dans le *Drageoir aux épices*.)

1er *mai* : Croquis et eaux-fortes. Chinoiseries*.

15 *mai* : Ballade en prose de la Chandelle des Six. (La pièce qui porte ce titre dans les *Croquis parisiens*, éditions Vaton, Vanier, puis Stock, est presque entièrement différente.)

1er *août* : Les Expositions. Les envois de Rome*.

1er *septembre* : L'Exposition du Cercle Artistique de Bruxelles*.

15 *novembre* : Carnet d'un voyageur à Bruxelles*.

1877. — 15 *février* : En Hollande*. (Une autre étude parue, sous ce titre, dans la *Revue Illustrée* des 1er et 15 janvier 1886, reste également inédite en librairie.)

SES RELATIONS AVEC THÉODORE HANNON

Sur les relations littéraires de J.-K. Huysmans et de Théodore Hannon, de précis renseignements nous ont été fournis par Henry Céard (*Revue hebdomadaire*, 2 novembre 1908, p. 384 et 385 ; *Paris-Midi*, 22 octobre 1916), et par Georges Eekhoud, (*Mercure de France*, 15 avril 1920, p. 398 et s.).

Quant au témoignage de Huysmans lui-même, on le trouve, pour les débuts de ces relations, dans la préface qu'il écrivit, datée de 1879, aux *Rimes de joie* de Théodore Hannon (Gay, Bruxelles, 1881), et, pour la fin, dans les quelques lignes amères de *Certains*, où il est parlé d'Hannon comme « d'un poète de talent, sombré, sans excuse de misère, à Bruxelles, dans le cloaque des revues de fin d'année et les nauséeuses ratatouilles de la basse presse [1] ».

La préface des *Rimes de joie* était une manière de réquisitoire contre l'école parnassienne ; elle disparut de

1. Hannon fit représenter des revues et des parodies dont les titres expliquent la mauvaise humeur de Huysmans : *Spa! tout le monde descend!*; *la Walkyrigole*, etc..

la seconde édition (Kistemaeckers, Bruxelles, 1883)[1]. Huysmans ne la recueillit dans aucun de ses livres de critique, et l'éditeur Kistemaeckers lui ayant exprimé des regrets à propos de la disparition de cette préface, reçut la réponse suivante, non datée, mais qui doit être placée à la fin de l'année 1883 :

Quant au jeune Hannon, je n'ai reçu aucune nouvelle de lui, il ne m'a jamais écrit au sujet de ma préface, mais voici, si vous le voulez bien, mon sentiment à cet égard.

J'ai fait cette préface sur sa demande et pour l'obliger — et je crois qu'elle ne lui a pas été alors inutile, étant donné qu'il paraissait chez un éditeur où les livres n'avaient guère de chance de se vendre. Aujourd'hui, avec votre lançage, il n'en est plus de même. Il désire ne pas voir la préface pensant n'en plus avoir besoin je ne demande pas mieux en ce qui me concerne.

Personnellement, j'en suis même satisfait car, si l'édition nouvelle est augmentée, ma préface, écrite en 1879, devient forcément incomplète et je préfère qu'elle ne paraisse pas. Tout est donc pour le mieux. Ne

1. Antérieurement, Huysmans avait consacré au « Parnasse contemporain » une étude de 7 pages dans *La République des Lettres* (20 avril 1876). Etude beaucoup plus indulgente que la préface aux *Rimes de joie*.

mettez point la préface, cela nous arrangeant, les uns et les autres, — chose rare quand plusieurs personnes sont en cause. A vous, qui voulez bien exprimer le regret de l'avis d'Hannon que j'appuie, cet à-propos ne servirait évidemment de rien et je ne veux voir dans ce regret qu'une nouvelle preuve de votre bonne amitié pour moi.

En dépit des réticences de J.-K. Huysmans et du silence de Théodore Hannon, on peut apercevoir ici une de ces brouilles littéraires sur lesquelles les intéressés ne jugent pas nécessaire de s'expliquer, même pour leur propre édification...

Toutefois, dans les diverses rééditions d'*A Rebours*, Huysmans laissa des Esseintes se plaire au « faisandage » de Théodore Hannon, « un élève de Baudelaire et de Gautier, mû par un sens très spécial des élégances recherchées et des joies factices ».

On peut en déduire qu'à travers de légères mésententes, il avait gardé, à l'ami de ses débuts, l'affectueux souvenir que Céard exprimait avec émotion lorsque, après la mort du poète à Bruxelles, en avril 1916, il nous parlait longuement de « cette époque heureuse où Huysmans était tout égayé par le caractère gavroche et l'esprit primesautier du brave Théo... ».

ARTICLES DE J.-K. HUYSMANS PUBLIÉS DANS L'*ARTISTE*, DE BRUXELLES

1877. — 18 *mars* : Article sur Émile Zola, portrait et intérieur (publié précédemment dans l'*Actualité* de Camille Lemonnier. Un autre fragment parut dans la *Vie littéraire*, le 26 avril 1877).

24 *mars* : Article sur l'*Assommoir* (publié précédemment dans l'*Actualité*).

15 *avril* : Ballade en l'honneur de ma tant douce tourmente et Le Hareng-saur.

13 *mai* : Article sur la *Nana* de Manet.

27 *mai* : Ballade chlorotique et l'Extase.

3 *juin* : Rococo japonais et Ritournelle.

24 *juin* : Camaïeu rouge.

1er *juillet* : Lâcheté.

8 *juillet* : Variation sur un air connu (*Il pleut, bergère...*)

15 *juillet* : A maître François Villon.

22 *juillet* : Image d'Épinal (Le Juif errant).

12 *août* : Ballade en prose de la Chandelle des Six.

19 *et* 26 *août*, 9 *et* 30 *septembre*, 7 *et* 21 *octobre* :

Sac-au-Dos (fin différente de la nouvelle publiée dans les *Soirées de Médan*).

9 *décembre :* Similitudes (publié antérieurement dans la *République des lettres*, le 6 août 1876).

23 *décembre :* Noël.

1878. — 6 *janvier :* Bon jour, bon an.

13 *avril :* Types de Paris : Le Geindre.

20 *avril :* Article critique sur *La Proie et l'Ombre*, de Marius Roux.

27 *avril :* La Bièvre (le fragment dédié à Henry Céard et publié antérieurement dans *La République des Lettres*, le 4 février 1877).

4 *mai :* Article sur le *Rolla*, de Gervex.

2 *juin :* Article sur l'École anglaise à l'Exposition Universelle.

16 *juin :* Article sur les Écoles espagnole, portugaise, américaine et grecque.

4 *août :* Article sur Camille Lemonnier.

15 *août :* Article sur *Les Beaux-Arts à l'Exposition de 1878*, livre de Charles Blanc.

(Comme on le voit, beaucoup de ces pages avaient paru précédemment dans *Le Drageoir à épices* ou devaient être reprises dans les *Croquis parisiens*. Les variantes sont peu nombreuses.)

D'UN FAUX « TIRAGE A PART »

Il s'agit du « tirage à part » de *La Sorcellerie en Poitou*, daté de 1897.

Tous les bibliophiles, tous les bibliographes, considèrent l'édition de 1899 comme l'originale ; le *Trésor du Bibliophile*, de Carteret, la mentionne ainsi (t. I, p. 442).

La Magie en Poitou, Gilles de Rais, 1899, in-8 couv. imp. Édition originale, tirée à 100 exemplaires, 37 pages avec 5 phototypies.

On lit, à la page suivante, dans la description d'un exemplaire passé en vente en 1920, cette note faisant mention du tirage à part de 1897 et le considérant pour ce qu'il vaut :

... On a joint à l'exemplaire : *La Sorcellerie en Poitou, Gilles de Rais.* Paris, Librairie de la Tradition nationale, 1897, 21 pages. Cette plaquette a paru deux années avant *La Magie en Poitou*. C'est une lecture faite en 1896, à Niort, au Congrès d'ethnographie et d'art populaire.

Précisons.

Un congrès d'ethnographie se tint à Niort, en 1896. M. Gustave Boucher, directeur de la revue *Le Pays poitevin*, y fit une lecture d'extraits de *Là-Bas* se rapportant à Gilles de Rais. Sa lecture fut reproduite dans la *Tradition en Poitou et Charentes* (Paris, Librairie de la Tradition nationale, 24, rue Visconti et Niort, 23, rue Saint-Jean, 1897, in-8, 479 pages). Dans ce volume, les textes de Huysmans se présentent ainsi, pages 267-286.

Au milieu du recto blanc 267 :

IX

LA SORCELLERIE EN POITOU

GILLES DE RAIS	URBAIN GRANDIER
Par M. J.-K. Huysmans.	D'après ses apologistes.

LECTURE-CAUSERIE PAR M. GUSTAVE BOUCHER

Le verso est blanc. Au recto suivant, 269, non chiffré, après un titre de départ reproduisant le titre précédent, ce préambule de M. Gustave Boucher :

MESDAMES, MESSIEURS,

A côté des grands saints qui illuminent de leur auréole l'histoire de ce glorieux Poitou, dont Scaliger a pu dire qu'il est l'âme de la France, se dressent, exceptionnels eux aussi, gigantesques, les héros du mal, essayant d'obscurcir de leur ombre maléficiante la pure clarté émanant des soldats de Dieu. Au-dessus des sorciers et des sacrilèges vulgaires, les monstrueuses figures de Gilles de Rais et d'Urbain Grandier émergent, dont nous allons, avec le secours d'écrivains compétents, évoquer le triste souvenir.

Deux événements ont mis, il y a quelques années, en lumière, la physionomie jusqu'alors un peu déformée par la légende, de Gilles de Rais : la soutenance d'une thèse retentissante de M. l'abbé Bossard, et la publication d'un ouvrage dû à la plume du plus original des écrivains de ce temps : M. J.-K. Huysmans. Celui-ci voulant faire une utile incursion dans le satanisme, écrivit ce superbe et troublant *Là-Bas*, qui a mis tant de consciences *En route* vers le catholicisme, et qui contient, disséminée au cours des pages, la plus émouvante et la plus véridique histoire de Gilles de Rais publiée jusqu'ici.

Nous avons obtenu de l'obligeance de l'auteur d'extraire, à votre intention, les pages inoubliables dont vous allez goûter la rare saveur. Tout en respectant religieusement le texte de l'artiste, nous avons cru devoir retrancher quelques fragments, donnant sur les crimes de Gilles de Rais, des détails pour la narration desquels M. l'abbé Bossard a judicieusement employé la langue latine.

Après un blanc, commencent, non l'étude, mais les extraits de *Là-Bas*, joints bout à bout (non sans de nombreuses coupures) qui forment le texte de la « lecture-causerie. »

Ainsi donc, M. Gustave Boucher a les honneurs de la belle page et ces extraits commencent au verso, sans même un titre de départ.

La brochure portant la date de 1897 est un tirage à part :

1° De *La Tradition en Poitou et Charentes ;*

2° De la lecture-causerie de M. Gustave Boucher, et non de la seconde mouture des notes de Huysmans sur Gilles de Rais.

Ce tirage n'était pas numéroté et il n'en existe pas d'exemplaires portant d'ex-dono de Huysmans; il fut sans doute fait à son insu et l'écrivain feignit de l'ignorer.

Il fut longtemps en solde et ne commença à atteindre des prix élevés chez les libraires qu'au moment où la véritable édition originale, établie sous la direction de Huysmans, à « Ligugé 1899 », fut épuisée et devint presque introuvable.

En somme, il faut conclure. avec M. Pierre Dufay [1], que, si la priorité de la publication dans *La Tradition en Poitou et Charentes* est incontestable, on n'en saurait dire autant pour le « tirage à part » portant la date de 1897 et qui est dû, selon toute vraisemblance, au seul M. Gustave Boucher.

1. *L'Intermédiaire des chercheurs et curieux*, 10 novembre 1921. C. 271.

J.-K. HUYSMANS
FONCTIONNAIRE MODÈLE

Les amateurs de livres qui assistèrent, rue Drouot, le vendredi 23 juin 1922, à la vente de la bibliothèque du Dr Maurice de Fleury et qui feuilletèrent le manuscrit autographe d'*En rade* — manuscrit qui fut adjugé 6.000 francs — purent faire deux constatations.

Tout d'abord, aux premières lignes de la première page, un curieux lapsus : Huysmans a écrit *gâtait* pour *hâtait* (« ... Gaston de Quelaine *gâtait* le pas, il avait laissé derrière lui le hameau de Jutigny, etc. »). Mais une autre particularité retenait surtout l'attention : les 105 feuillets du manuscrit étaient tous à en-tête du Ministère de l'Intérieur.

Or, le manuscrit d'*En rade* n'est pas, à ce point de vue, une singularité. La plupart des romans de J.-K. Huysmans ont été écrits sur du papier à en-tête de l'administration. Et, certes, celle-ci ne peut que se féliciter d'une circonstance grâce à quoi son banal papier acquiert, dans les ventes, un prix exceptionnellement élevé; en outre, ne faut-il pas y voir une preuve nouvelle de la fidélité du bon fonctionnaire qui ne veut pas dissocier sa vie de bureau de sa vie d'homme de lettres et qui, volontairement, fait, suivant un mot célèbre, « l'aumône d'un peu de gloire » à l'administration qui l'occupe ?

Mais, dira-t-on, l'homme de lettres ne nuit-il pas ici au fonctionnaire ? Le temps consacré à la rédaction du roman n'est-il pas pris sur les heures qui devraient être remplies par l'expédition des affaires courantes ou le dépouillement du courrier ?

A cette objection, un homme qui a bien connu Huysmans, M. Ogier, ancien ministre des Régions libérées, répondit lorsqu'en 1920 (lettre du 18 octobre) il s'éleva contre certaine page du « Journal d'un parlementaire », où le feu sénateur Ed. Millaud portait une appréciation sévère sur l'activité administrative de l'auteur d'*En route*[1] :

« Huysmans fut un employé rigoureusement consciencieux, affirma M. Ogier, non seulement par sa ponctualité et son assiduité au bureau, mais aussi par la conscience qu'il apportait à exécuter le service qui lui était confié. A dire le vrai, ce service n'était pas très compliqué... C'était des expulsions d'étrangers dont s'occupait Huysmans. Il y fallait simplement de la méthode et de l'ordre et jamais le service ne marcha mieux qu'à l'époque où Huysmans s'en occupa... »

De même que ses amis des *Soirées de Médan* (Maupassant à la Marine, puis à l'Instruction publique ; Céard à la Guerre, puis à la Préfecture de la Seine), Huysmans

1. Cf. *Nouvelle Revue* du 1er août 1920 ; *Mercure de France*, 15 septembre et 1er novembre 1920 ; article de René Turpin dans le Supplément littéraire du *Figaro*, 13 mars 1926.

fut donc le type même du bon fonctionnaire. C'est à ce titre, d'ailleurs, que la Légion d'honneur fut attribuée à Georges Huysmans, dit Joris Karl, sous-chef du 4e bureau de la Direction de la Sûreté générale, par le ministre Charles Dupuy ; et Huysmans se montra fort satisfait de figurer dans la promotion de l'Intérieur plutôt que dans celle de l'Instruction publique aux côtés de Georges Ohnet décoré — comme homme de lettres, lui — en cette même année[1].

« Il manquerait au talentueux grognon, au bougon raffiné, au célibataire dyspeptique J.-K. Huysmans de n'avoir pas été employé de ministère », nous disait fort justement André Salmon en nous racontant un jour certain geste tout à l'honneur de l'excellent « sous-chef ».

Au moment du procès des Trente, le hasard lui avait donné connaissance d'une liste noire émanant de la Sûreté générale. Le « réactionnaire » Huysmans y releva les noms d'une douzaine de confrères libertaires. Chacun d'eux recevait le soir même un petit bleu discret et le lendemain, il y avait pas mal de voyageurs pressés au premier train de Bruxelles.

Le trait n'est-il pas, à son plan, aussi beau, aussi digne de mémoire que les meilleurs chapitres d'*En ménage*, ceux où l'on trouve décrits d'une plume aiguë, les locaux du ministère, « l'intérieur des bureaux, des enfilades de

1. Cf. Articles de Descaves dans *l'Intransigeant* du 11 avril 1920 et le *Journal* du 30 juillet 1923. Huysmans, nommé chevalier de la Légion d'honneur, le 3 septembre 1893, fut promu officier, le 13 janvier 1907.

cartons neufs à poignées de cuivre, des tables de bois noir, à casiers, des chaises de canne, des corbeilles, des cuvettes et des carafes, des cabriolets pleins de fiches, des amas de dossiers énormes... »

Ce trait illustre d'un rien d'héroïsme les trente-deux années de présence du modeste « rond-de-cuir » qui prit vraisemblablement dans l'étude des dossiers et des rapports le goût de la précision et de la documentation rigoureuse avec cette discipline dans l'emploi du temps qui vaut bien tout de même ce que de déplorables « poètes » ont essayé de réhabiliter sous le nom de « bohême », ou, plus récemment, de « fantaisie ».

UNE DÉDICACE DE J.-K. HUYSMANS A BARBEY D'AUREVILLY

Nous la copiâmes naguère dans la bibliothèque du libraire Le Petit, qui nous avait communiqué l'exemplaire, relié en chagrin bleu, des *Sœurs Vatard*, ayant appartenu à Barbey d'Aurevilly :

A J. Barbey d'Aurevilly

*à l'auteur admirable de l'*ENSORCELÉE
et de la VIEILLE MAITRESSE
cette idylle naturaliste
de son tout dévoué

J.-K. HUYSMANS.

UNE DÉDICACE DE BARBEY D'AUREVILLY A J.-K. HUYSMANS

Sur un exemplaire, non coupé, d'*Une Vieille Maîtresse*, un amateur anonyme a ajouté deux petites feuilles de papier parcheminé mince, portant l'une :

A l'ami délicat, au mystique J.-K. Huysmans, cette amoureuse et horifique (sic) *femelle, incarnation du démon.*

L'autre (détachée d'un exemplaire du *Prêtre marié*) :

A mon ami Georges Landry, ce livre écrit par amour et pour la gloire de Notre-Seigneur Jésus-Christ, condamné et proscrit de toute librairie catholique par l'Archevêque de Paris.

JULES BARBEY D'AUREVILLY.

Georges Landry était un ami de J.-K. Huysmans. Il est mort dans une maison de retraite, à Saint-Cloud, le 11 juillet 1924[1]. C'est lui qui est désigné par l'initiale L. dans la curieuse plaquette de M. Gustave Boucher : *Une séance de spiritisme chez J.-K. Huysmans* (Niort, 1908).

A Rebours, dédicacé à Léon Bloy (à Monsieur Léon Bloy, *A Rebours* cette haine du siècle) et *Une Vieille Maîtresse* avec la double dédicace figurèrent l'un et l'autre dans des ventes, le premier le 13 octobre 1919, le second le 2 février 1921.

1. Cf. *Le Journal*, article de M. Lucien Descaves, 21 juillet 1924 ; *L'Intransigeant*, article de M. Henry d'Yvignac, 1er août 1924 ; *Vient de paraître*, article de M. Emile Baumann, mai 1925, répondant à un article de M. René Martineau sur Léon Bloy et Georges Landry paru dans les *Cahiers Léon Bloy* de mars-avril 1925.

J.-K. HUYSMANS LES BROCHEUSES ET UN PROJET DE JOURNAL

Par les *Petites Affiches*, les biographes de J.-K. Huysmans purent apprendre que l'auteur des *Sœurs Vatard* avait dirigé, à Paris, une maison de brochage. En effet, cette publication avait inséré, dans son numéro du 13 octobre 1892, l'acte aux termes duquel Huysmans vendait à M. Leroux le fonds de brocheur situé 11, rue de Sèvres et qui provenait de la succession de sa mère, décédée en 1876[1]. A cette direction, se rapporte la lettre des collections Charavay, dans laquelle Huysmans s'exprime ainsi sur le compte des brocheuses :

« Je vais passer une agréable soirée à discuter avec des vauriennes à propos de deux sous. Heureusement que je les ai traitées plus cavalièrement dans mon livre. Quand j'ai trop d'ennuis avec elles, je songe à la boue dans laquelle je les ai traînées et cela me console. »

1. La première insertion aux *Petites Affiches*, après le décès de la mère de J.-K. Huysmans, Mme Og. est du 17 juillet 1877.

Mais, voici qu'un autre renseignement sur la vie de l'écrivain est encore apporté par un catalogue d'autographes.

A ce catalogue, figure une lettre signée de J.-K. Huysmans et adressée, le 1er octobre 1880, à M. Montrosier, son ami du *Musée des Deux-Mondes*. Il lui demande sa collaboration pour un journal qu'il fonde avec la collaboration de Zola, Goncourt, Maupassant, Alexis, Céard, Hennique, Théodore Hannon, etc.

Qu'eût été le journal que voulait fonder Huysmans? Une feuille de littérature et d'art, sans aucune tendance politique. « La politique, dit-il, dans sa lettre à Montrosier, c'est le nihilisme d'Herzen agrémenté d'un joli scepticisme. »

Le titre prévu pour cette feuille? La *Comédie Humaine*, un titre qui, décidément, hantait Huysmans, puisqu'il l'avait déjà donné à un essai de drame romantique qu'il avait écrit vers sa vingtième année.

Quelques difficultés avec l'imprimeur, établi dans un quartier que Joris-Karl ne pouvait souffrir (rue d'Argout, près de la rue Montmartre), suffirent à faire abandonner le projet de journal. La lettre citée plus haut est un des rares témoignages sur cette brève période de sa vie où Huysmans se demanda s'il allait ou non fonder un hebdomadaire.

LES RELATIONS DE LÉON BLOY ET DE J.-K. HUYSMANS AU MOMENT DE LA PUBLICATION D'*A REBOURS*

Léon Bloy collaborait régulièrement au *Chat Noir*, hebdomadaire de Rodolphe Salis, lorsqu'il reçut, en mai 1884, le nouveau volume de J.-K. Huysmans, avec cette dédicace :

A Monsieur Léon Bloy
A REBOURS
cette haine du siècle.
J.-K. HUYSMANS.

Et, c'est dans le *Chat Noir* que Bloy donna, un mois plus tard, le 14 juin 1884, l'article intitulé « Les Représailles du Sphinx », où il félicitait, avec sa grandiloquence habituelle, le romancier de s'offrir « comme le lamentateur solitaire du spiritualisme chrétien décédé ».

« Cela, disait-il, est infiniment inattendu, infiniment étonnant, c'est peut-être ce qu'on pourrait imaginer de plus confondant, mais cela est, — Dieu sait avec quelle intensité et quelle splendeur... A l'exception de Pascal, personne n'avait encore exhalé d'aussi pénétrantes lamentations... La forme littéraire de M. Huysmans rappelle ces invraisemblables orchidées de l'Inde, qui font si profondément rêver son des Esseintes... »

Finalement, après quelques phrases injurieuses pour Verlaine et pour Mallarmé, Bloy saluait en Huysmans :

« ... Un jeune écrivain d'une telle santé de mépris qu'il a pu s'élever, absolument seul, jusqu'à la conception mystique de *la joie au-dessus du temps* — malgré la plus abrutissante des éducations littéraires — et qui montre à cette squalide société contemporaine, si persuadée d'avoir escaladé le Mystère, le buste rigide et terrifiant du Sphinx éternel. »

Huysmans semble avoir été très sensible à cet article de Bloy, auquel il répondit, un dimanche de juin 1884 :

« Vous avez vraiment une façon d'élargir les sujets, de les emporter dans l'infini que j'admire, mon cher Bloy. Vos représailles du Sphinx sont superbes, d'une hauteur de vue inconnue, oh oui! par les critiques de nos jours.

« Ai-je besoin de vous dire la joie que ma vanité a éprouvée d'être aussi magnifiquement louangée! Vous le pouvez croire. Pour un homme habitué, toute sa vie, à ne recevoir que des bols d'insanités ou d'injures sur la tête, ça devient une sensation de bonheur pénétrante jusqu'au malaise des nerfs, que de sentir sa pauvre œuvre aimée, expliquée par un autre que soi-même.

« Puis, cet article a été une consolation venue à temps. Hier matin, entraîné par une corvée de famille à Vaugirard, je suis revenu par la rue de Vaugirard à l'Odéon. Sans raisons précises, j'avais la mort dans l'âme. J'ai regardé les devantures de Marpon et de Heurtant. Mon livre n'y était plus. Il était bien définitivement mort alors que d'impures cochonneries emplissaient, toutes vivantes, les montres. On a beau être bien assuré dans son mépris du public, c'est égal, c'est douloureux tout de même — et quoi que nous fassions, mon pauvre ami, nous souffrirons cruellement, toute notre vie, de ces dénis de justice auxquels nous sommes, tous les deux, je crois, particulièrement voués. — Eh bien, j'ai acheté le *Chat Noir* et je suis allé le lire sur un banc du Luxembourg, et, lu à ce moment, ça m'a semblé une magnifique oraison funèbre prononcée sur le cadavre du pauvre livre mort comme un chien. Cette image me hantait et je me disais : au moins il ne sera pas parti tout seul dans l'éternel oubli, sans qu'une grande voix se soit élevée pour le révéler et pour l'absoudre.

« Aussi, vous remerciai-je et de tout cœur des splendides funérailles catholiques que, tout seul, vous lui fîtes.

« Mélancoliquement, je pense seulement aux virulentes attaques que vous avez glissées sur les pauvres Mallarmé et Verlaine. Ça n'est pas bien juste. Je laisse le côté littéraire de côté, mais songez donc, mon cher Bloy, que ce sont des écrasés de l'art, que le public les ignore, qu'ils n'ont jamais eu aucun succès, qu'ils mourront probablement inconnus, n'ayant pas seulement pu trouver un éditeur alors que tant de bas poètes, aux âmes de muffles, triomphent ! Vraiment, à ce point de vue seul, ils méritent miséricorde. Ils ont toujours été par terre, pourquoi frapper dessus ? — Non, il y a, en art, assez de goujats debout, frappez à tour de bras sur les ignobles idoles et épargnez les pauvres artistes abandonnés par tout le monde, quand bien même leurs œuvres ne vous iraient point. Vous êtes terrible... quel égarement tout de même qu'une nature comme la vôtre dans le Boston moderne qu'est cet affreux Paris !

« Merci encore des consolantes délices que vous

m'avez apportées et je mets, sur ce glacial papier blanc, une chaude poignée de main, mon cher ami. »

On sait que des dissentiments séparèrent, quelques années plus tard, les deux écrivains. Ils n'évoquèrent plus sans amertume leurs bonnes relations d'autrefois et, lorsque Bloy reproduisit, en 1913, dans sa plaquette : *Sur la tombe de Huysmans*, l'article du *Chat Noir*, il ajouta en manière d'excuse :

« J'étais, alors, jeune encore, et cela se voit, surtout lorsque je nomme Pascal. »

ODILON REDON

DES ESSEINTES

(Lithographie.)

SUR LA VIE MONASTIQUE ET LA LITTÉRATURE

D'une lettre datée : Ligugé (Vienne), Maison Notre-Dame, 2 mars 1901 :

C'est toujours le collège, la vie, surtout la vie monastique où tout se hiérarchise; au fond, en littérature, on arrive, comme dans l'armée aussi, à l'ancienneté, mais le principal est de débuter...

J.-K. HUYSMANS ET LE SAR PELADAN SES RELATIONS AVEC SEURAT, BRESDIN ET ODILON REDON

Dans un article sur le Salon de la Rose-Croix qu'il donna au *Figaro*, le 2 septembre 1891, feu Péladan, qui signait alors « Sâr Péladan », écrivit :

« Depuis vingt ans, les arts ont reflété la mal œuvre de Médan. Par son ignorance et son bas instinct, l'écrivain de *La Terre* a envoûté Manet ; et Seurat, près de mourir, s'écriait : « Huysmans m'a perdu ».

Ce mot, attribué à Seurat par Péladan, avait augmenté l'antipathie que Huysmans ressentait pour ce dernier et qu'il exprima si plaisamment, lorsqu'il dit à Gustave Coquiot[1] :

— Quel bon tour on lui jouerait à celui-là, si on pouvait le prendre, puis lui raser la barbe et les cheveux, car ça, c'est tout son prestige !

Au demeurant, on s'expliquerait mal le regret exprimé par Seurat mourant, si on ne savait que ce peintre était de complexion inquiète : homme grave et vaticinateur, il était

1. *Le vrai J.-K. Huysmans*, par Gustave Coquiot, page 14 (Bosse, éditeur, 1912).

pénétré de la nécessité d'une méthode scientifique et surtout chimique de la peinture, toutes choses auxquelles Huysmans attachait l'importance qui convient — c'est-à-dire qu'il les traitait volontiers de fariboles.

Il n'en reste pas moins que, si l'on se reporte aux éloges et aux encouragements prodigués par Huysmans à Seurat, on trouve l'amertume de celui-ci pour le moins singulière.

Les relations de Huysmans avec Odilon Redon furent très différentes. Mais, pour connaître le caractère exact de l'amitié qui unit ces deux grands artistes, il ne faudra pas s'en tenir aux notes journalières rédigées par Redon et qui contiennent sur Huysmans cette seule phrase :

« Je crois avoir obéi à ces intuitives indications de l'instinct dans la création de certains monstres. Ils ne relèvent pas, comme l'a insinué Huysmans, du secours du microscope[1]. »

Le mot « insinué » permettrait de croire à une passagère mésentente sur ce point particulier. Il n'en était rien. La vérité est que Redon ne pouvait souffrir les tentatives « d'explications » touchant son art. Esprit tout idéaliste, il estimait que c'était le diminuer que de chercher des motifs concrets à son inspiration. « Pas d'œillères, pas de mors à Pégase », disait-il. On conçoit que le fait d'attribuer au microscope l'originalité de sa vision pouvait l'agacer un instant. Toutefois, il était incapable de garder rancune à J.-K. Huysmans. Il faut donc un commentaire à la phrase

1. *Des rapports du peintre et de l'homme de lettres*, par Odilon Redon ; ouvrage posthume. Floury, éditeur, 1922.

que j'ai citée plus haut. Celui que je viens de donner m'a été fourni par Marius et Ary Leblond, écrivains mieux qualifiés que quiconque pour parler d'Odilon Redon, dans l'intimité affectueuse duquel ils ont vécu pendant quinze ans. Les Leblond écrivent sur Redon des *Souvenirs* dont un chapitre sera consacré à J.-K. Huysmans. Ils évoquent les origines de cette amitié, ce qui la rendit tout de suite très forte et singulière, ce qu'il y avait de supérieur dans ces deux types d'hommes ; ils disent l'intérêt que prit Huysmans, sur la suggestion de Redon, aux travaux du graveur Bresdin[1], l'auteur de la *Comédie de la Mort* et du *Bon Samaritain*, deux planches dont Huysmans aimait « la finesse des détails, l'imposante allure », l'accent à la Dürer et qu'il décrivit dans *A Rebours*.

M.-A. Leblond restituent, avec une précision aiguë, les propos de Redon, ses opinions sur l'auteur de *Là-Bas*. Leur témoignage est extrêmement précieux pour l'étude de la psychologie de J.-K. Huysmans. On en jugera par ces notes qu'ils ont bien voulu me communiquer.

C'est Redon qui parle :

— Comment j'ai connu Huysmans ? Voilà. J'avais fait une petite exposition de mes *noirs* dans une salle du *Gaulois*... ou du *Figaro*. Il m'avait écrit pour me demander de lui en vendre une pièce. Malheureusement, je n'avais plus d'exemplaire, ou il ne me restait que celui-là. Je lui répondis que je le regrettais. A ce moment, il avait déjà publié les *Croquis parisiens*, *Marthe* et *Les Sœurs*

1. Rodolphe Bresdin servit de type au personnage de *Chien-Caillou*, dans la nouvelle de Champfleury.

Vatard, ce qui lui avait valu d'être considéré comme un des meilleurs élèves de l'école naturaliste et de Zola. Un jour — nous habitions alors rue de Rennes, — on sonne. J'ouvre. Une grande silhouette mince, maigre : « Huysmans ». Je le fis entrer. Il se montra charmant. Pour moi, il resta toujours charmant. Quand je vis les longues études qu'il me consacra dans *A Rebours* et dans *Certains*, ce fut une surprise. Cela me répandit beaucoup dans le monde des artistes qui suivait sa littérature. Ma maison, notre maison, a été, je crois bien, une des seules où il venait avec plaisir, son « refuge »...

Il disait de Mme Redon : « C'est une femme comme elle, si j'en trouvais, que j'épouserais. C'est la compagne qu'il faut à un artiste. »

Un petit plat, fait à son intention, l'enchantait [1].

« Il se trouvait bien chez nous. C'était un intérieur un peu vieillot. Nous étions pauvres, mais c'était bien. L'atelier avait quelques vieux meubles, entre autres un vieux fauteuil qu'il aimait. Quand il m'est arrivé de déménager et que Huysmans ne trouva plus, chez moi, ce vieux fauteuil, il affecta de ne plus revenir pendant quelques jours. Pour nous « punir »...; il partit, tenez, comme ce chat...

Et Redon indiquait de la main, un chat qui, dérangé du fauteuil où il se prélassait, se glissait hors de l'atelier.

1. Extrait d'un billet à Mme Redon (5 mai 1885) pour lui expliquer que, retenu par un dîner chez Magny, « fabricant de poissons apocryphes et de faux vins », il ne pourra se rendre chez elle :

« Plaignez-moi et soyez assez bonne pour m'excuser auprès des voyageurs en mets exotiques de demain. Je rêve sur votre miel vert. . »

« Ce cher Huysmans avait du cœur. Lui qui disait exécrer les enfants, toute une nuit, jusqu'au matin, il veilla, près de ma femme et près de moi, l'enfant que nous avons perdu. Il disait, comme pour s'excuser : « C'est parce que vos enfants ne sont pas comme ceux des autres. »

« Il avait l'habitude de raconter toujours le roman qu'il préparait, chapitre par chapitre et dans les détails. Il avouait qu'il était content de le raconter parce que, dans sa narration orale, il trouvait des expressions qui le satisfaisaient, et qu'il gardait. Lucien Descaves aussi avait remarqué chez Huysmans cette façon de procéder. C'était même étonnant le plaisir qu'il éprouvait à former ainsi de jour en jour, à développer, à préciser par le récit son livre. Une fois le roman complet dans sa tête, il « se fermait » pour l'écrire, ne vivant que pour l'écrire, sauvagement...

« Cela le mettait en rage quand il pensait au procédé de Zola qui rédigeait chaque jour quatre pages, pas une de plus, pas une de moins. « Cela explique, disait Huysmans, que ses romans ne sont pas des œuvres d'art, mais des œuvres d'idées. »

« C'était un causeur exquis. Il s'occupait d'art avec fanatisme. Rien n'était plus comique que le compte-rendu qu'il venait nous faire dans notre atelier, à chaque Salon. Oh ! il n'aimait pas la mauvaise peinture. C'était un œil [1]. Quand il y avait un coin de bon dans un tableau, il était là pour le voir. Cependant, je ne puis pas dire que j'aie

1. « Huysmans est un œil ». Remy de Gourmont, *Le livre des Masques* ; 1896.

jamais aimé Huysmans. Il y avait dans son esprit quelque chose d'amer qui empêchait qu'on fût attiré de cœur à lui. Il avait, je crois, dans sa jeunesse, — il nous l'a souvent presque dit et cela se voit dans ses livres, — abusé, et de toutes façons, des plaisirs sexuels. Cela avait taré à jamais son organisme et, moralement, l'avait dévoyé. Après avoir été un curieux de la Foi — « Je communie, disait-il, pour savoir quel goût a l'hostie » — il est devenu croyant. Il est mort en chrétien.

« Quelle ironie des choses : Huysmans un catholique ! Il ne l'était pas alors et son style non plus, ce style qui n'avait rien de doux, rien d'amène, ce style chaotique, qui cherchait par quel mot le plus rocailleux il fallait terminer la phrase... Cependant, quelle belle mort, quelle mort admirable !... Assis sur son lit, il souffrait le martyre. Il souffrait atrocement. Son visage s'en allait en lambeaux. C'était autour de lui de la puanteur. Lui pâtissait, soumis, répétant : « Il faut que je souffre ces douleurs pour mériter de sauver mon âme. »

Et ce mot :

« On ne pourra pas dire que c'est de la littérature, cette fois. »

Quelques heures avant sa fin, il lisait la Messe des Morts...

LE PREMIER « ÉCHO »
SUR LA CONVERSION DE J.-K. HUYSMANS

On le trouve dans le *Figaro* du 30 juillet 1892. Il est ainsi rédigé :

« Un bruit court avec une certaine persistance sur le boulevard.

« Un de nos auteurs dont le dernier roman fit sensation, mais qui n'est, à cause de son extrême subtilité, répandu que dans un certain public, se serait enfermé dans une Trappe, décidé à n'en plus sortir.

« La vérité est que M. Huysmans, car c'est de lui dont il s'agit, est en ce moment à Lyon où il prend quelque repos dans une maison religieuse, en attendant la fin de ses vacances.

« On sait que M. Huysmans est toujours sous-chef au ministère de l'Intérieur. On attend de lui un nouveau volume. »

Le « roman qui fit sensation » : *Là-Bas* (1891)

Le « nouveau volume » : *En route* (1895).

L'échotier retardait d'un an lorsqu'il croyait que J.-K. Huysmans résidait à Lyon. Le séjour à Lyon, chez l'abbé Boullan, était de 1891.

En cette année 1892, exactement le 12 juillet, l'écrivain avait franchi le seuil de la Trappe d'Igny, accomplissant, suivant sa propre expression, l'acte « qui devait trancher en deux sa vie[1] »

Mais c'est seulement en 1896, après le séjour à Solesmes, qu'il gagna la dernière étape.

1. Dédicace manuscrite sur la page de garde d'*En route* (exemplaire de M. René Dumesnil). Cf. *La Trappe d'Igny, retraite de J.-K. Huysmans*, par René Dumesnil, p. 13. Morancé, édit., 1922.

UNE COMPARAISON CHÈRE A HUYSMANS

C'est la comparaison qui consiste à rapprocher l'incertitude des choses de ce monde, leur fragilité, avec le peu de sécurité qu'offrent les sièges confectionnés par l'ébénisterie moderne. On la retrouve dans plusieurs de ses livres, avant et après la conversion, et la voici dans deux lettres à des amis :

D'une lettre au peintre Emile Bernard, 30 janvier 1899 :

Il n'en est pas moins vrai qu'il est très difficile de s'asseoir car il manque toujours quelque barreau à la chaise qu'on trouve...

D'une lettre à Henry Céard, 3 août 1901 :

Ce que je suis las ! Je voudrais pourtant bien être assis, mais le céleste ébéniste ne fait plus, hélas, que des meubles qui se décollent dès qu'on s'y pose...

1899-1901 : ces deux dates ont leur importance dans la vie de Huysmans; 1899, c'est quelques semaines avant la retraite de Ligugé, c'est, malgré tout, l'espoir de trouver « un siège » digne de ce nom dans la Maison Notre-Dame :

1901, c'est après le vote de la loi qui dispersait les Bénédictins et rejetait Huysmans hors du cloître. Il est bien vrai que les sièges se dérobaient sous le pauvre Durtal...

Il s'en plaignait encore, sous la même forme, en 1903, lorsqu'il représenta l'Oblat Durtal s'adressant à Dieu lui-même et lui disant :

Je commence à me méfier un peu de vous. Il semblait que vous deviez me diriger sur un havre sûr. J'arrive — après quelles fatigues ! — je m'assieds enfin et la chaise se casse ! Est-ce que l'improbité du travail terrestre se répercuterait dans les ateliers de l'au-delà ? Est-ce que les ébénistes célestes fabriqueraient, eux aussi, des sièges bon marché qui s'effondrent dès qu'on se pose dessus ? (*L'Oblat*, page 446.)

J.-K. HUYSMANS
ET MADAME MYRIAM HARRY

Si l'on croit devoir lire les « souvenirs » consacrés par Mme Myriam Harry à J.-K. Huysmans ou certains chapitres du *Tendre Cantique de Sonia*, il convient de chercher le commentaire à ces écrits dans l'article de M. Lucien Descaves (*Journal*, 8 mai 1922), article où les derniers paragraphes concernant Mme Myriam Harry sont ainsi conçus :

« Je me fâche, j'ai tort. Je ne devrais considérer que le service rendu à J.-K. Huysmans par la sœur tourière de la rue Monsieur, le jour où elle éloigna d'un mot la visiteuse importune. C'est ce jour-là que mon vieux maître l'a échappé belle !... »

J.-K. HUYSMANS
L'ABBÉ BOULLAN ET M. OSWALD WIRTH

On sait que J.-K. Huysmans fut documenté un moment sur l'occultisme par l'ex-abbé J. Boullan, directeur des *Annales de la Sainteté* et qui habitait Lyon, rue de La Martinière, chez un architecte, M. Misme, avec deux voyantes, Mmes Laure et Thibaut. Boullan ne manquait pas d'attribuer à ses ennemis personnels, ses pratiques de magie et de sorcellerie. La correspondance échangée entre Boullan et J.-K. Huysmans va du 6 février 1890 au 4 janvier 1893. Elle a été détruite. Quelques lettres seulement ont été publiées par *Le Matin*. J.-A. Boullan mourut le 3 janvier 1893, des suites d'une maladie de cœur. Quelques-uns de ses amis prétendirent qu'il avait succombé à des pratiques d'envoûtement exercées par la Rose-Croix et, surtout, par Stanislas de Guaita.

Un des intimes de celui-ci, M. Oswald Wirth, questionné à ce sujet par un ami, le 17 janvier 1921, fit les déclarations suivantes qui sont restées jusqu'à ce jour inédites :

« Boullan est mort s'imaginant être envoûté par Guaita, Péladan et moi. La voyance du pauvre diable était en défaut, car tout était alors rompu depuis longtemps entre Guaita et Péladan qui n'a jamais pris aucune part aux opérations contre le Carmel de Lyon.

« Restent Guaita et moi comme seuls « opérateurs » responsables. Dans le *Temple de Satan*, Guaita publia une partie de ma correspondance avec Boullan, auprès de qui j'ai eu un très vilain rôle, puisque je l'ai ignoblement trahi. J'avais été assez fumiste, en effet, pour répondre à ses lettres dans le même style, alors que je fricotais, en qualité de secrétaire des écoles régimentaires et de bibliothécaire (déjà), au 106e d'infanterie à Châlons-sur-Marne. Je devins ainsi le disciple bien-aimé (à distance) du Pontife qui m'initia, peu à peu, aux mystères de sa foi érotique. Je fus même marié, toujours à distance et à mon insu, à l'une de ses adeptes lyonnaises, une certaine Claudine, à qui je fus uni en corps astral avec toutes les pompes liturgiques réglementaires.

« Tout alla bien jusqu'au jour où Boullan me chargea de convertir à sa religion l'abbé Roca [1] et de faire l'article pour lui à la duchesse de Pomar, en venant en permission à Paris. Je crus alors devoir dire tout bêtement la vérité, à laquelle Guaita, que je ne connus qu'en 1887, après ma libération, prit un très vif intérêt.

« Estimant que les turpitudes de Boullan devaient être démasquées, Guaita publia ce qu'il put apprendre, tout en évitant de nommer le coupable. Ce fut là tout ce qu'il entreprit contre Boullan.

1. Le chanoine Docre de *Là-Bas*.

« Mais celui-ci attira sur lui l'attention de Huysmans qui m'adressa, le 2 février 1890, le mot suivant :

« Monsieur,

« J'ai besoin, pour un livre que je prépare, de certains renseignements sur le satanisme moderne. M. le chanoine Roca, qui est dans les Pyrénées-Orientales pour l'instant, me fait instamment demander de ne pas me mettre en rapport direct avec l'abbé Boullan, qu'il considère comme dangereux et il m'autorise à se servir de son nom pour vous demander une entrevue et causer avec vous de ce satanique auquel vous avez eu affaire en même temps que lui... »

« Je me suis fait un plaisir de recevoir Huysmans et je lui ai dit ce que je savais de Boullan. A cette occasion, j'ai déclaré que le satanisme ne me paraissait pas être en cause, les prières de Boullan s'adressant à la divinité la plus orthodoxe, il n'y avait de scandaleux que le mode d'adoration, puisque l'acte sexuel y jouait le grand rôle.

« Le pittoresque de la chose décida Huysmans à se rendre à Lyon, où Boullan, chat cruellement échaudé par moi, se garda bien de révéler les pratiques intimes de sa religion. Il se présenta comme un pudique Dr Johannès, calomnié par des Rose-Croix jaloux de ses pouvoirs magiques.

« Le prenant au mot, Huysmans en fit un personnage

sympathique, quitte à lui opposer le chanoine Docre, qui n'est autre que le Boullan réel poussé au noir [?].

« Huysmans ne pouvait se faire aucune illusion, car il avait pu lire, dans *Les Congrégations religieuses dévoilées*, enquête de Charles Sauvestre (4e édition, Paris, Dentu, 1879, pp. 117-120), les antécédents judiciaires de l'ancien supérieur de l'Œuvre de la Réparation des Ames.

« J'ai vu, du reste, un jour Huysmans au ministère de l'Intérieur, où il était « Ouistiti » à la Sûreté générale [1], avec Édouard Dubus qui s'était embusqué dans un autre service du même établissement. Nous voulions l'édifier sur la pudicité de Boullan. Huysmans nous écouta en souriant, puis nous fit convenir, que si ce vieux avait trouvé son truc mystique pour s'offrir des satisfactions charnelles, cela n'était pas si bête de sa part. Le futur converti ne s'était pas encore sérieusement mis « en route ».

« Du reste, je le soupçonne d'être resté littérateur jusqu'au bout. Le mysticisme n'a jamais été pour lui qu'un prétexte littéraire. Il n'a jamais dû être profondément entamé; mais à force de se faire une ambiance d'images mystiques, il s'est trouvé influencé superficiellement, au point de donner le change aux psychologues de surface. Quand le virus du scepticisme s'est infiltré dans une mentalité, il faut en prendre son parti, car l'infection reste incurable, en dépit de tous les 606 mystiques. »

1. Il faut sans doute comprendre « sous-chef, petit singe », le chef étant traité de « singe ».

A cette opinion de M. Oswald Wirth, M. Léon Hennique répondait par avance lorsqu'il nous écrivait, le 23 juin 1914 :

« Non, sa foi était complètement débarbouillée de ces souvenirs-là ; Huysmans resta toujours maître de lui-même, après et avant la conversion, maître absolu, maître invraisemblable. Aussitôt catholique, il n'a plus eu que de l'horreur pour le jeune fanfaron de vices que ses amis avaient connu. Il fut conduit au catholicisme, de même que le peintre James Tissot, aveuglément, presque par la main, à travers les frissons, les frayeurs, les stupeurs de l'occultisme. »

Et Huysmans lui-même ne disait-il pas à M. Coquiot :

— A les entendre tous, l'abbé Boullan était une fripouille et moi un jobard. Comme c'est simple !

J.-K. HUYSMANS
M. LUCIEN DESCAVES ET LES MANUELS LITTÉRAIRES

— Nous avions songé, raconta un jour M. Lucien Descaves, nous avions songé, Huysmans et moi, à un manuel, mais oui... à un manuel de littérature française ne contenant rien, absolument rien de ce qu'on raconte dans les autres — et à la portée de tout le monde néanmoins! Est-ce assez drôle! Nous nous flattions d'extraire des morceaux choisis de... tenez-vous bien... de Baudelaire, Tristan Corbière, Gérard de Nerval, Sénancour, Proudhon, Jules Vallès, Claude Tillier, Erckmann-Chatrian, Aloysius Bertrand, Barbey d'Aurevilly, Hello, Villiers de l'Isle-Adam, Théophile Gautier, Flaubert, les Goncourt... qui encore? Je ne m'en souviens plus : mettons tous ceux dont Vandérem déplore l'exclusion des bouquins officiels. Quant aux grands écrivains, comme Chateaubriand, Alfred de Vigny, Balzac, Michelet, Stendhal, etc., il était bien entendu que nous en citerions autre chose que les resucées des Manuels dans la circulation. Nous aurions le devoir de préférer, par exemple, la *Vie de Rancé* ou les *Mémoires d'Outre-tombe*, généralement dédaignés aux *Martyrs*, pain moisi des manuelistes sur le tas. Imaginez-vous rien de plus comique[1]?...

1. *Intransigeant*, 15 octobre 1922.

SUR UNE RÉÉDITION POPULAIRE DE *MARTHE*

Nous avons sous les yeux une réédition populaire de *Marthe*, publiée en 1920 et mise en vente au prix de 45 centimes.

Dans le seul chapitre VII et dans la seule page 37, qui nous sont signalés par M. Gabriel-Ursin Langé, nous avons constaté la suppression des passages suivants :

Quatorzième ligne, des mots : « le chemin de fer si lassant... » jusqu'aux mots : « ce qu'il venait d'apprendre... » (quarante lignes supprimées).

Dix-neuvième ligne, des mots : « l'odeur de renfermé... » jusqu'aux mots : « tout ce tohu-bohu d'objets » (trois lignes supprimées).

Vingt-septième ligne, des mots : « cette halle où des gens en gala »... jusqu'aux mots : « pour se mettre au lit... » (vingt-sept lignes supprimées).

Et nous n'avons fait porter nos constatations que sur une seule page...

Ah! ces éditions populaires destinées à donner une heure d'oubli aux gens pressés !

PEUT-ON PRENDRE LE PRÉNOM DE JORIS ?

Non, car le *Figaro* rapporte, dans son numéro du 10 janvier 1902, qu'un de ses amis, grand admirateur de J.-K. Huysmans, entendait que son fils s'appelât Joris. L'employé du bureau des naissances lui objecta que le prénom de Joris n'était pas admis en France.

J.-K. HUYSMANS ET LE THÉATRE

Au cours de la vente Gompel, a été mis aux enchères un exemplaire du *Drageoir à épices*, auquel on avait joint un billet autographe de l'auteur, billet écrit dans un jour d'humeur grognonne, « afin de décliner une invitation théâtrale » :

Je ne suis pas théâtrier pour deux sous; avec cela, je suis réfractaire aux mirages de la scène et je vomis les affreuses hures qui peuplent les salles.

Cela est bien du même Huysmans qui, parlant de l'adultère et des rengaines débitées par la littérature sur ce thème, disait à Georges Le Cardonnel :

Savoir si la marquise couchera ou ne couchera pas... Eh bien! moi, je m'en fous que la marquise couche ou ne couche pas[1].

1. *La littérature contemporaine*, enquête de Georges Le Cardonnel et Charles Vellay. Paris, 1905. *Mercure de France*, page 17.

J.-K. HUYSMANS
ET EDMOND DE GONCOURT

C'est le 3 octobre 1876 que le nom de Huysmans apparaît pour la première fois dans le Journal publié d'Edmond de Goncourt ; il revient plus de vingt fois sous la plume du mémorialiste, dans les tomes VI à IX, avec des commentaires de plus en plus amicaux.

Nous ne rappellerons pas le fameux passage dont certains s'égayèrent quand ils trouvèrent, scrupuleusement consigné à la date des obsèques de Victor Hugo, de quelle façon singulière les filles Élisa portaient le deuil du grand poète. Tout le monde sait que cette anecdote, devant laquelle tout autre que Goncourt fût resté en défiance, le séduisit par son étrangeté même quand le facétieux Huysmans, abusant de sa crédulité et de son avidité à prendre des notes, la lui raconta.

Une autre « information » bien antérieure à celle-là, révèle le même esprit mystificateur chez Huysmans. Elle se trouve à la date du 17 mars 1885 :

« Berendsen aurait révélé à Huysmans l'espèce d'adoration littéraire qu'on aurait pour moi en Danemark, en Botnie et autres pays entourant la Baltique, des pays où tout homme frotté de littérature qui se respecte ne se coucherait pas — toujours au dire de Berendsen — sans lire une page de *La Faustin* ou de *Chérie*. »

C'est bien avec des renseignements de ce genre qu'on gagnait la confiance et la sympathie de Goncourt, car le 25 novembre de la même année on lit dans son Journal : « Les femmes juives de la société, il faut le reconnaître, sont à l'heure qu'il est, de grandes liseuses, et seules elles lisent — elles osent l'avouer — les livres honnis par l'Académie et le monde classique et chic : Huysmans et les jeunes lettrés artistes. »

A noter, dans le même temps, ce témoignage plus précis de sympathie : entre 1883 et 1885, J.-K. Huysmans remplace le marquis de Chennevières sur la liste des membres de l'Académie que l'auteur de *Chérie* dressait et modifiait selon son humeur.

Enfin, dernier témoignage et le plus fort de tous : le nom de Huysmans ne fut jamais biffé sur la liste des bénéficiaires de sa fondation.

UNE CONVERSATION AVEC M. P.-V. STOCK EX-ÉDITEUR DE J.-K. HUYSMANS

— Comment Huysmans fut-il amené chez vous, qui vous le présenta ?

— Il me fut présenté en 1887, par Léon Hennique, qui venait de donner chez moi, dans ma petite collection in-32, *Pœuf*. Huysmans me remit le manuscrit d'*En rade* que j'éditai la même année. Nos relations furent, tout de suite, extrêmement amicales et elles le restèrent jusqu'à ses derniers jours. Nul n'était plus que lui sensible, sous ses airs bourrus.

— Pas de froissements entre vous, par la suite, à cause de la politique, de l'affaire Dreyfus ou de vos « édités » anarchistes ?

— Jamais, aucun froissement ! Huysmans plaçait la littérature et les amitiés au-dessus de ces questions-là ; et vous savez bien qu'avant le procès des Trente, lorsque quelques-uns de ses confrères, d'opinions révolutionnaires, furent sur le point d'être inquiétés, Huysmans leur mit la puce à l'oreille... Malato pourrait vous le dire...

— Et il n'hésita pas à vous donner les *Foules de Lourdes* ?

— Pas un instant. A propos des *Foules de Lourdes*, vous savez que le premier titre de ce livre était les *Deux faces de Lourdes*. Je possède les premières feuilles d'épreuves, 32 pages avec ce titre-là...

— Vous avez assisté aux derniers jours de Huysmans?

— Ils furent admirables! Huysmans eut la fin d'un martyr, la résignation d'un saint. Ah! comme j'ai mieux compris sa *Sainte Lydwine* après avoir assisté, presque chaque jour, aux derniers mois de sa vie...

— Par suite de quelles circonstances un exemplaire sur Chine de *Sainte Lydwine de Schiedam*, exemplaire provenant de la bibliothèque de Mme Waldeck-Rousseau et revêtu de « l'hommage respectueux » de l'auteur et de l'éditeur à Sa Majesté l'Empereur d'Allemagne, est-il passé en vente, en mai 1925, à l'Hôtel Drouot [1]?

— Il faut que je vous conte ça par le commencement. En 1900, un jour que je visitais, avec Huysmans, le pavillon de l'Allemagne à l'Exposition universelle, nous fûmes emballés par la typographie du catalogue, établie par l'Imprimerie impériale, à Berlin, avec des caractères gothiques dessinés spécialement pour l'Empereur et sous sa direction. Nous décidâmes d'employer ces caractères pour l'édition princeps de *Sainte Lydwine*.

J'écrivis à Berlin, en faisant connaître nos intentions. Le haut fonctionnaire qui dirigeait l'Imprimerie impériale me répondit qu'elle n'imprimait rien pour des particuliers, elle ne fonctionnait que pour l'Empereur et les besoins de

1. Cette vente eut lieu les 11 et 12 mai 1925, salle 10. L'exemplaire fut vendu 1.230 francs, frais en sus.

l'Empire; néanmoins que sa Majesté était heureuse de notre dessein et que lui, directeur, m'engageait à m'adresser à l'imprimerie Richter de Hambourg à laquelle il prêterait les caractères nécessaires pour imprimer le livre.

Je partis pour Hambourg et me rendis, dès mon arrivée, de grand matin, à l'imprimerie Richter. Là, j'appris que l'on n'avait pas les caractères désirés (j'avais le catalogue de l'Exposition avec moi) et qu'on ne pouvait pas m'imprimer le livre tel que je le voulais. Je sortis ma lettre et priai mon interlocuteur de téléphoner à Berlin, lui disant qu'il me paraissait impossible qu'on m'ait fait venir à Hambourg pour rien.

Une heure après ce premier entretien, je trouvais des gens transformés. « Il sera fait, me dit-on, suivant votre désir, l'Imprimerie impériale mettra tous les caractères nécessaires à notre disposition, dès demain matin nous en aurons en quantité suffisante pour vous établir un spécimen. »

En effet, le lendemain les caractères étaient là et, pendant deux jours, je fis faire spécimens sur spécimens. Les typos allemands étaient un peu rebelles et j'eus beaucoup de peine à leur faire blanchir, espacer et alléger leurs lettres et leurs lignes, obsédés qu'ils étaient par le catalogue impérial.

L'édition achevée, l'imprimerie Richter en fut très fière. Le livre a pris place, par ses soins, dans bon nombre d'expositions techniques en Allemagne.

En somme, je n'ai eu que d'excellents rapports avec cette imprimerie ; pour les exemplaires de luxe, elle m'a même déniché, je ne sais où, un vieux « papier de Chine » de toute beauté, papier de Chine qui doit être, d'ailleurs, du vieux Japon. Vous comprenez que, dans ces conditions, un devoir de simple correction nous commandait d'offrir un exemplaire à l'Empereur, en manière de remerciement. Ce que nous fîmes. Mais nous ignorions que ce genre d'hommage, d'après le protocole de la Cour, ne pouvait être adressé par des particuliers. Notre envoi, transmis à l'Empereur par l'Ambassade d'Allemagne à Paris, nous revint quelque temps après, par la même voie, avec une note spécifiant que le protocole s'opposait à la réception d'un pareil hommage direct.

Nous avons gardé cet exemplaire qui vint aux mains du Dr Liouville, beau-fils de Waldeck-Rousseau. Le volume appartint ensuite à la mère du docteur, Mme Waldeck-Rousseau, qui l'offrit avec une partie de sa bibliothèque pour être vendu au profit de l'œuvre philanthropique « La Ligue franco-américaine contre le cancer »...

— Le cancer... L'affection même qui emporta J.-K. Huysmans...

J.-K. HUYSMANS
ET LES PÈRES SALÉSIENS

C'est une plaquette plutôt qu'un livre : quatre-vingts pages in-douze de format allongé sous une couverture vert-bouteille. Elle fut composée et imprimée dans des circonstances assez particulières et qu'il peut être intéressant de rapporter pour les nombreux bibliophiles, amateurs de J.-K. Huysmans, qui recherchent vainement ce petit ouvrage.

Rien qu'à son aspect extérieur, on voit qu'il s'agit d'une plaquette de propagande pieuse ; cette impression se précise lorsque, en feuilletant l'opuscule, on y découvre une quinzaine d'illustrations, d'un dessin hésitant, soulignées de naïves légendes, telles qu'on en trouve au bas des estampes de la maison Pellerin ou dans le « Jardin des vertus » de nos vieux almanachs :

« Jean Bosco enseigne le catéchisme à ses petits cama-
« rades et leur répète le sermon du curé. — Le petit
« Bosco demandant une correction à Maman Marguerite.
« — Don[1] Bosco, à l'âge de neuf ans, voit en rêve sa

1. Ce titre est ainsi orthographié à toutes les pages de la plaquette.

« mission. — Don Bosco passe sa main sur les yeux « d'un petit aveugle et le guérit. — Don Bosco convertis- « sant son assassin. — Un bon curé, touché jusqu'aux « larmes du bien que Don Bosco vient d'opérer dans sa « paroisse, se jette au pied du serviteur de Dieu. — Don « Bosco défendu par le chien « il Grigio ». — Don Bosco, « mourant, recommande son Institut à Son Éminence le « cardinal Alimonda, archevêque de Turin, etc. »

Le texte de J.-K. Huysmans s'efforce, sans y parvenir toujours, de se maintenir dans cette qualité d'émotion pour imagerie pieuse. L'auteur d'*A vau l'eau* avait alors beaucoup atténué son âpreté caricaturale. Tout au plus se permettait-il, dans son humilité de pécheur repenti, de souligner parfois d'une plainte drôlatique l'exposé de ses misères personnelles. Certaine phrase d'une lettre écrite à Dom du Bourg, après la publication d'*En Route* (1895), est typique à cet égard : « Si vous voulez bien, dit Huysmans, demander à la Sainte-Vierge qu'elle me protège et m'empêche d'avoir des ennuis au Ministère, vous me rendrez un bien grand service. » Son *Esquisse biographique sur Don Bosco* (1902) contient des élans de ce genre, mi-navrés, mi-comiques[1]. Quelques truculences, quelques

1. Parlant de Don Bosco confesseur, J.-K. Huysmans montre le vieux prêtre prenant doucement par le col celui de ses pénitents qui a terminé son examen : « Il l'enveloppait de son bras gauche, dit-il, et appuyait la tête de l'enfant sur son cœur ; ce n'était plus le juge, mais le père qui aidait son fils dans l'aveu souvent si pénible des moindres fautes... »

Huysmans eût souhaité pour lui pareille douceur, pareille miséricorde :

« Il serait singulièrement doux, pour des convertis qui ont à ren-

trivialités involontaires égayent encore, de-ci, de-là, le style, lui donnent cette saveur exaspérée si plaisante dans les premiers livres d'Huysmans et qui allait s'éteignant dans les derniers. En somme, un ouvrage très caractéristique du Huysmans dernière manière que cette apologie du thaumaturge, dont la vie apparaît à l'écrivain catholique comme la traduction peinte de l'*Agnus redemit oves* de la prose de Pâques.

« C'est aussi, ajoute-t-il, la translation, en la langue « des images, du songe que Don Bosco eut dans sa « jeunesse et qui prépara sa vocation de dompteur de « petits démons, de pâtre de petits anges. »

Conformément aux décrets du pape Urbain VIII l'auteur déclare qu'en attribuant au héros de cette biographie la gratification de *bienheureux* ou de *saint*, il n'a nullement l'intention de « préjuger les décisions infaillibles de la sainte Église dont il restera toujours, avec gloire, le fils bien soumis ».

Telle est la note que l'on trouve tout d'abord au verso du faux-titre[1]. Puis, à la page suivante, sous un dessin

verser d'un coup leur existence aux pieds d'un prêtre, d'être ainsi adjuvés, d'être ainsi choyés ; ce ne serait peut-être pas assez rigoureux, assez pénitentiel pour les récidivistes des hontes, mais on ne peut s'empêcher de croire tout de même que ce serait vraiment bon ! »

1. Huysmans avait déjà pris semblable précaution lorsqu'il avait écrit, dans l'avant-propos de *Sainte-Lydwine de Schiedam* (1901) : « Dans ce volume, au cours duquel défilent les noms d'un grand nombre de célicoles, les expressions « saint » et « sainteté », « bien-

représentant une hirondelle, les ailes étendues, se lit, en manière de préface, le sonnet suivant de François Coppée :

A JORIS KARL HUYSMANS

POUR SA BIOGRAPHIE DE DON BOSCO

Lisez, ces faits récents n'ont rien d'une légende,
Des enfants du ruisseau — pour demain des pervers —
Virent un Saint venir vers eux, les bras ouverts,
Et furent bons et purs, comme Dieu le commande.

L'homme est mort, mais toujours plus féconde et plus grande
Et vivant des seuls dons par les chrétiens offerts,
Son œuvre a rayonné sur le vaste univers.
Lisez. Est-ce un miracle ou non? Je le demande.

Jadis, du tablier de Sainte Élisabeth,
C'était une moisson de roses qui tombait,
Aujourd'hui Don Bosco qui, d'abord, dans les fanges,

Ramassa les petits vagabonds de Turin,
Voit s'envoler, devant le Juge souverain,
De sa vieille soutane une légion d'anges.

FRANÇOIS COPPÉE.

Le 17 juin 1902.

heureux » et « vénérable » ne sont parfois employés que d'une manière relative et non pas dans le sens rigoureux que leur assignent les décrets du pape Urbain VIII ; il n'y a donc pas à attribuer une signification absolue à ces termes lorsqu'ils s'appliquent à des personnages dont la béatification ou la canonisation n'ont pas été officiellement proclamées par les pouvoirs sans appel de Rome ».

La date mise par Coppée au bas de ce sonnet est celle de la publication de la plaquette, laquelle fut imprimée, ainsi qu'on peut le voir au verso de la couverture, à l'*École typographique de Don Bosco*, et porte, comme nom d'imprimeur, page 80 : *Imprimerie J. Bologne, 29, rue du Retrait.*

Quelle était cette « école typographique » installée dans ce coin quasi-provincial de Ménilmontant? Quelle était cette imprimerie J. Bologne? Et enfin, comment Huysmans fut-il amené à écrire la biographie de Don Bosco?

A cette dernière question, l'auteur de l'*Esquisse biographique* répond lui-même, mais de façon incomplète, dans les pages que nous avons sous les yeux.

Huysmans raconte qu'à diverses reprises, à certains jours de grande fête, il avait vu arriver, chez les Bénédictines, au monastère de Saint-Louis-du-Temple et du Saint-Sacrement, rue Monsieur, où il s'était installé pour quelques semaines, après avoir quitté Ligugé, une petite troupe d'enfants conduite par un ecclésiastique. Ils disparaissaient dans la sacristie et revenaient vêtus en enfants de chœur pour assister, dans les cérémonies de la chapelle, les prêtres officiants.

« J'avais été chaque fois, dit-il, saisi par l'humble piété de ces petits et par l'aisance avec laquelle ils évoluaient, au moindre signe du cérémoniaire, devant l'autel; ils avaient été évidemment très bien dressés. Je

ODILON REDON

L'ESPÉRANCE

(Dessin.)

Cette image se trouvait dans la chambre mortuaire de J.-K. Huysmans. Elle appartient aujourd'hui à M. René Dumesnil.

demandai quels étaient ces enfants. — Mais, me fut-il répondu, ce sont les Salésiens, les fils de Don Bosco; ils viennent de Ménilmontant, où ils habitent, ici. »

Sur ce, Huysmans, toujours en quête d'histoires édifiantes, se renseigna.

Il apprit que le thaumaturge Jean-Melchior Bosco, né le 16 août 1815, au bourg de Murialdo, dans la commune de Châteauneuf d'Asti, près de Turin, avait fait ses études au séminaire de Chieri et avait été ordonné prêtre, à Turin, en 1841. C'est au cours d'une mission dans la prison de cette ville que Don Bosco « avait vu clair en lui ».

— « Parmi les captifs, raconte Huysmans, figuraient un grand nombre de petits voleurs et de petits vagabonds, enfermés par autorité de justice et qui achevaient de se taler et de se pourrir, les uns contre les autres, en ces tristes lieux. Don Bosco se rappelait alors un songe qu'il avait eu dans son enfance, une vision d'animaux sauvages qui hurlaient et s'entre-déchiraient, tandis qu'une voix mystérieuse lui disait : « Prends ta « houlette et mène-les paître ». Il avait obéi et tous ces animaux s'étaient transformés en de paisibles brebis ».

Don Bosco comprit toute la signification de son rêve, lorsqu'il franchit le seuil de l'ergastule de Turin. Il n'eut plus aucun doute sur la nature de son apostolat, et c'est pour venir en aide à l'enfance abandonnée qu'il fonda, dans le monde entier, en faisant appel à la charité privée, en multipliant ce que Huysmans appelle les « miracles pécuniaires », des patronages, des orphelinats, des écoles professionnelles, et qu'il créa, pour la propagation de son œuvre, cet ordre qu'il plaça sous le patronage de Saint-François-de-Sales et qui groupa bientôt des milliers de prêtres [1].

Par son voisin et ami François Coppée, Huysmans apprit encore que les Salésiens étaient campés et bivouaquaient sur toute la terre. Ménilmontant — plus exactement la fondation située dans le quartier du Père-Lachaise, 29, rue du Retrait, — n'était qu'un point minuscule de leur espace. Il résolut de connaître au moins ce point. Accompagné de Coppée, il s'en fut, un jeudi après-midi, visiter l'orphelinat, et cet « Oratoire salésien Saint-Pierre

1. Don Bosco thaumaturge. — « Nous savons par ses historiens, écrit Huysmans, qu'il multiplia les pains, guérit, par la vertu de ses prières, des malades, qu'il lut dans les âmes, qu'il fut un agent de miracles en un mot. » Les « historiens » de Don Bosco vont plus loin. Il en est qui, parlant d'une certaine visite que Victor Hugo aurait faite, deux ans avant sa mort, à Don Bosco, représentent celui-ci comme « l'agent de la conversion » du grand poète. Hugo aurait dit à Don Bosco, à l'issue de cette visite : « J'espère mourir entre les mains d'un prêtre catholique qui recommande mon esprit au Créateur ». Cette parole est formellement contredite par la phrase bien connue du testament d'Hugo, en date du 2 août 1883 : « *Je refuse l'oraison de toutes les Eglises*, je demande une prière à toutes les âmes. Je crois en Dieu. » — Aussi malgré toute sa bonne volonté, Huysmans n'a-t-il pas cru devoir recueillir cette légende dans son essai sur Don Bosco. — Voir, au sujet de la prétendue visite de Victor Hugo à Don Bosco, *La Croix* du 22 juin 1920.

Saint-Paul », d'où venaient les enfants qu'il avait remarqués aux offices chez les Bénédictines.

Ce qu'il vit là, Huysmans ne nous le dit pas dans sa brochure purement apologétique, mais nous avons pu le reconstituer, car nous avons visité nous-même, à la même époque que J.-K. Huysmans, cette maison, ses ateliers, son école typographique et son imprimerie, que le supérieur des Salésiens de Ménilmontant, le Révérend Père J. Bologne, ne dédaignait pas de surveiller en personne et à laquelle il donna son nom.

Ménilmontant, Huysmans connaissait déjà ce quartier. Il y était venu pour la première fois en 1875 et, dans ses *Croquis parisiens*, il avait noté que « pour les gens qui haïssent les bruyantes joies retenues toute la semaine et lâchées dans Paris le dimanche; pour les gens qui veulent échapper aux fastidieuses opulences des quartiers riches, Ménilmontant sera toujours une terre promise, un Chanaan de douceurs tristes ».

Il avait alors décrit « la navrante et interminable rue de Ménilmontant » et s'était promené longuement rue de la Chine (c'était alors une sorte de sentier bordé de haies) en laquelle il avait salué « un havre imploré par les âmes endolories qui ne demandent plus qu'un bienfaisant repos, loin de la foule ».

Il dut retrouver une partie seulement de ces sensations lénitives rue du Retrait, en 1902.

Cette voie est parallèle à la rue de la Chine, cent mètres plus bas que celle-ci, sur la butte, entre la rue des Pyrénées et la rue Boyer, non loin de l'Ermitage construit pour la marquise de Pompadour et dont un bâtiment de style grec subsiste encore dans le jardin de l'hospice des sœurs de Saint-Vincent de Paul[1].

Au milieu de la rue du Retrait, une croix, surmontant une porte à un seul battant peint en marron, indiquait l'entrée de l'Oratoire salésien.

Sans dégager la poésie de la fameuse porte du Petit Picpus décrite par Hugo, celle-ci n'en avait pas moins quelque caractère singulier à cause de son exiguïté et du judas en fer dont elle était percée. Lorsque, après un bon moment d'attente, cette porte s'ouvrait au visiteur, une sonnette placée derrière le battant faisait grand bruit à quoi répondaient, de proche en proche dans le vaste enclos, d'autres sonnettes comme autant d'appels avertisseurs. En somme, dans ce quartier d'opinions révolutionnaires, un pareil endroit ne manquait pas de pittoresque.

Mais, ce qui conduisait Huysmans en 1902 ce n'était plus, comme en 1875, le seul goût du pittoresque, la curiosité du promeneur. Il se sentait maintenant une mission d'ordre moral; il consacrait cet après-midi à l'étude de l'œuvre pour la défense de laquelle l'ami qui l'avait amené avait sollicité son concours. Le pittoresque de l'établissement, non plus que certaine odeur d'usine et de réfectoire qui flottait dans les locaux, retinrent donc peu son attention. Ni Coppée, ni lui ne s'attardèrent à considérer la topographie des lieux. A peine remarquèrent-ils la sin-

1. Ce bâtiment fut occupé de 1780 à 1789 par le comédien Favart.

gulière déclivité du terrain, l'étagement des bâtiments — ateliers, chapelle, dortoirs, théâtre, infirmerie, habitation du Supérieur et du Préfet[1] — jusqu'à la rue Boyer.

On pense bien que de tels visiteurs étaient attendus. Le révérend P. Bologne, Supérieur, et le Père Pauc, préfet de l'Oratoire, leur firent les honneurs de la fondation. Le premier était un homme très brun et de forte corpulence; sa politesse était extrême et se teintait parfois d'italianisme.

Le père Pauc était d'aspect plus sévère et parlait peu. Tous deux étaient coiffés d'une haute barrette à quatre cornes : leur robe était semblable à celle de tous les prêtres de la communauté.

La visite commença par les bureaux situés à gauche : on passa rapidement à la Chapelle, qui était sans caractère : on traversa le théâtre, où un groupe d'enfants — un patronage d'externes — répétait du Labiche ; et l'on termina par les dortoirs et les ateliers installés sur un rez-de-chaussée et un étage dans des bâtiments neufs[2]. Le Père Bologne donnait les explications sur le fonctionnement de l'œuvre.

Les cent cinquante enfants élevés par charité dans l'établissement y apprenaient un état : mécanicien, tailleur, cordonnier, serrurier, menuisier, typographe ou relieur. Pen-

1. L'habitation du Supérieur et du Préfet — un pavillon de deux étages — avait été construite pour le Dr Déclat sous le Second Empire. Lorsque les Salésiens s'installèrent là, ils ne trouvèrent que cette construction. Leur première messe fut célébrée en plein air, le 1er décembre 1877.

2. Aujourd'hui repris par une fabrique de cartonnerie. Les autres bâtiments ont été soit détruits, soit complètement transformés.

dant la période d'apprentissage, qui durait de trois à cinq ans, une gratification de 10 pour 100 leur était attribuée sur un rendement quotidien moyen de six francs au minimum. La moitié de cette gratification, soit trente à cinquante centimes par jour, était remise à l'apprenti, l'autre, portée à la masse, n'était acquise qu'au sortir de l'apprentissage. Les métiers étaient enseignés soit par des professeurs, soit par des prêtres sortis du rang et restés par vocation dans l'établissement.

L'imprimerie occupait dans les ateliers, au rez-de-chaussée, la plus grande place; elle avait sa rotative Marinoni et plusieurs machines à pédales. Une trentaine d'apprentis étaient occupés à la composition et au tirage de revues périodiques, de journaux, de livres classiques et de brochures de propagande.

Au rez-de-chaussée et au premier étaient aussi répartis les ateliers des menuisiers, où se fabriquaient des meubles pour le faubourg Saint-Antoine ; les ateliers des tailleurs, où se confectionnaient les vêtements ecclésiastiques, les costumes pour le personnel de la maison et aussi pour différents grands magasins, etc. Les cordonniers travaillaient pour l'œuvre et pour des entrepreneurs, ils fabriquaient jusqu'à des ballons de foot-ball : les serruriers exécutaient des grilles pour les églises et les propriétés privées, etc...

Partout, une discipline sévère était observée et le silence absolu imposé pendant les heures de travail. La monotonie des exercices religieux était réduite au minimum ; les Pères répartissaient la besogne ou surveillaient les ateliers : il n'était pas de gens plus occupés que les Salésiens et leurs élèves. En les observant, Huysmans eût pu se rappeler le célèbre passage d'*A Rebours* dans lequel il évoquait « les monastères métamorphosés en usines, les grands livres de commerce posés sur des lutrins et les moines courbés sur des inventaires et des factures ».

Il eût pu se rappeler également, tout en regardant les élèves penchés sur leur travail, le galopin d'environ seize ans, Auguste Langlois, que des Esseintes avait rencontré errant, rue de Rivoli, un soir. Des Esseintes avait grisé l'enfant de boissons, de cigarettes, de filles et de conseils dans le genre de celui-ci : « Fais aux autres ce que tu ne veux pas qu'ils te fassent... Donne-moi de tes nouvelles par la voie des gazettes judiciaires... » N'y avait-il pas, parmi les laborieux enfants réunis dans cet atelier, plusieurs silhouettes pâlotes et futées qui eussent pu lui évoquer celle d'Auguste et, par association d'idées, celle du Tentateur sous l'aspect de des Esseintes ?

Mais, en 1902, Huysmans n'observait plus qu'en rapport de ses convictions. Il fut simplement conquis par ce qu'il appela « le côté débrouillard et habile » dans la bienfaisance des continuateurs de Don Bosco, dignes, en cela, du fondateur de l'ordre.

Jusqu'à sa mort, survenue en janvier 1888, Don Bosco, homme fort entendu en affaires, n'eut-il pas toujours à batailler, toujours à renouveler ses trouvailles d'ingéniosité, surtout dans la recherche d'un gîte pour lui et ses jeunes ouailles, qu'aucun propriétaire ne voulait tolérer? Et, à ce propos, Huysmans observe que si, « comme il sied de l'espérer, Don Bosco est un jour canonisé, il est vraiment tout désigné pour être le patron des locataires. Ceux-ci pourront, en effet, l'invoquer mieux que tout autre, pour tâcher de découvrir des propriétaires généreux et indulgents et de vivre, une fois installés chez eux, sans crainte des congés, en paix ».

En paix, les Salésiens l'étaient peu lorsque Coppée et Huysmans leur firent visite.

Le gouvernement d'Emile Combes, après celui de Waldeck-Rousseau, avait conclu contre eux au refus d'autorisation. L'exposé officiel des motifs de ce refus prétendait que l'examen des listes du personnel salésien y révélait la prédominance de l'élément étranger. Les Pères, s'il fallait en croire cet exposé, se livraient, sous prétexte de charité, à l'exploitation de l'enfance et de la crédulité publique; les orphelins étaient alimentés par des pensions que payaient soit les familles, soit des personnes charitables, soit encore le travail des enfants; les conditions d'hygiène et de salubrité des ateliers étaient déplorables; non seulement l'enfant y était surmené, mais de plus, il était spécialisé à tel point, qu'une fois sorti, il ne connaissait en réalité aucun métier; grâce à la gratuité de la main-d'œuvre, à la quantité de travail produit en raison de la spécialisation à outrance, aux avantages fiscaux que les Salésiens tiraient de leur caractère d'association charitable, ils pouvaient soutenir une concurrence dont souffraient les industriels et commerçants leurs voisins, etc., etc.[1].

1. Résumé de l'*Exposé officiel* des motifs concluant au refus d'autorisation.

Le réquisitoire gouvernemental se terminait par cette phrase : « Tour à tour imprimeurs, éditeurs et quels éditeurs (toutes leurs publications sont rédigées contre nos institutions), marchands de vins, de liqueurs, de produits pharmaceutiques, leur action économique est néfaste. »

Contre ces accusations, Coppée devait, par la suite, protester[1] dans le *Gaulois* (12 janvier 1903). Mais, tout de suite après la visite à Ménilmontant, il avait sollicité et obtenu la collaboration de J.-K. Huysmans pour la défense des religieux menacés. L'imprimerie J. Bologne établissait, quelques semaines plus tard, l'*Esquisse biographique sur Don Bosco*, par J.-K. Huysmans; cet ouvrage, tiré à un millier d'exemplaires, était destiné, dans la pensée du Père supérieur, à être offert seulement aux bienfaiteurs des Salésiens.

Cependant les menaces se précisaient de jour en jour contre les congréganistes. Les expulsions se faisaient de plus en plus nombreuses. On se rappelle les plaintes de l'Oblat Durtal à ce sujet : « ... les tristes journées et les plus tristes nuits commencèrent. Les stalles des religieux au chœur se vidaient[2] ».

1. Coppée ouvrit dans le *Gaulois*, au bénéfice des Salésiens, une souscription qui, en quelques jours, produisit une somme de 37.374 fr. 50 (*Gaulois* du 21 juillet 1903).

2. On sait que Huysmans avait été lui-même fort désorienté par la loi qui expulsait les moines bénédictins de Ligugé chez lesquels il résidait alors. « *Ce que je vais faire*, écrivait-il, le 3 août 1901, à un ami, *je n'en sais rien encore... Les Bénédictins partent en Belgique à la fin de septembre. Ma première idée avait été de retourner à Paris y passer l'hiver et d'aller les retrouver au printemps. Mais le Pere abbé et le chapitre voudraient pour qu'il n'y ait pas interruption du culte*

Pour les Salésiens, c'était aussi le désarroi, la fermeture des ateliers et l'exil.

A partir de 1903, et jusqu'en 1905, par petits groupes, ils quittèrent la France, les uns rejoignant la maison-mère de Turin[1], les autres s'établissant en Espagne, en Belgique, en Angleterre et jusqu'au Brésil et au Chili.

La plupart des exemplaires de la plaquette rédigée par Huysmans furent alors dispersés avec les Pères et cela explique que cet ouvrage soit devenu aujourd'hui une rareté de librairie.

de Saint-Benoît et de Saint-Martin et arrêt d'offices, que je reste avec cinq ou six moines qui résideraient çà et là chez les uns et chez les autres; ce serait une petite communauté de Pères et d'oblats. Tout cela est-il, avec cette odieuse loi, possible? »

Ce ne fut pas possible et Huysmans dut se résigner à s'installer de nouveau à Paris.

1. En Italie, les Salésiens ont repris toute leur influence. Le pape Benoît XV s'est fait représenter par le cardinal de Séville à leur congrès tenu en mai 1920 et, le 24 du même mois, à l'issue du congrès, un monument à Don Bosco a été élevé à Turin.

ÉPHÉMÉRIDES DU « HUYSMANS-CLUB »

3 *août* 1919. — Fondation du Huysmans-Club.

20 *juillet* 1923. — Cette société, précise l'*Opinion*, sera pour ainsi dire, aussi historique que littéraire, car elle se proposera non seulement de répandre l'œuvre du romancier, mais aussi de connaître, dans le détail, sa vie si émouvante et si pittoresque. Le malheur est que les aînés se méfient, M. Céard et M. Descaves surtout; ce dernier s'opposera toujours aux recherches indiscrètes.

Dans la société, il ne manquera cependant point de répondants pour les bonnes intentions des fidèles ...

Novembre 1923. — Dans la *Revue Critique des idées et des livres* (tome XXXV, n° 218, pages 643 et 644) qui porte la date de novembre 1923, M. André Thérive annonce que le Huysmans-Club se réunit « dans des quartiers excentriques, qu'il a découvert des gargotes surprenantes et des chapelles inconnues, qu'il relève tour à tour, les vestiges des Messes noires et les traces de M. Folantin, qu'il dîne à Vaugirard et soupe à la Butte-aux-Cailles, etc. ».

21 *décembre* 1923. — *Paris-Soir* énumère les travaux qui sollicitent l'activité du Huysmans-Club, insiste pour qu'une plaque soit apposée sur la maison natale de l'écri-

vain, 11, rue Suger, et qu'un monument soit élevé à sa mémoire dans le cloître de Saint-Séverin[1].

7 *janvier* 1924. — La fondation du *Huysmans-Club* est peut-être le signal d'un regain de popularité pour le maître : telle est l'opinion exprimée par le *Figaro*.

24 *février* 1924. — Si les membres du Huysmans-Club ne se connaissent point entre eux, disent les Treize de l'*Intransigeant*, ils communient de compagnie, en se référant à toutes les œuvres d'exégèse que l'on publie sur leur maître depuis la brochure de M. Gabriel Ursin-Langé jusqu'à la *Trappe d'Igny*, de M. René Dumesnil.

7 *mai* 1924. — L'*Œuvre* donne des détails inédits sur les archives du Huysmans-Club :

« Le *Huysmans-Club*, organisation non moins mystérieuse que le *Stendhal-Club*, possède déjà des archives fort importantes et qui sont constituées, en grande partie, par des volumes, plaquettes à tirage limité, lettres inédites, brochures et études se rapportant toutes à Joris-Karl et que les membres du Club ont classés en quatre grandes catégories : Huysmans avant la conversion ; Huysmans après la conversion ; les étapes de la conversion ; études d'ensemble sur J.-K. Huysmans.

« Dans cette dernière catégorie, vient d'être versée l'étude publiée par M. André Thérive à la *Revue Mondiale :* « Huysmans ou l'horreur de la nature ».

1. Voir au sujet de ces projets, monument et apposition de plaque : *Mercure de France*, 1er mars 1920, 15 février 1922 ; *Intransigeant*, 14 février 1922 : *La Presse* (article de Paul Mathiex), 21 mars 1924 ; *Le Journal*, 11 mai 1924.

D'après le même journal, un autre article, donné par M. André Thérive au *Correspondant*, a été classé dans la seconde catégorie, « Après la Conversion » :

« C'est un « Essai de psychologie religieuse ». Le culte « huysmanien » y est étudié de très près. Ses fidèles (les membres du Club), sans être désignés par leurs noms, sont ainsi présentés :

« Des décadents repentis et des classicisants sourcilleux ; des anecdotiers férus de petite érudition pittoresque et des historiens passionnés de l'esprit religieux ; des prêtres infiniment sérieux et des dilettantes infiniment voluptueux ; des amoureux de la plastique et des tenants de la psychologie...

« En somme, une compagnie assez mêlée... Mais, d'autres précisions seront vraisemblablement données d'ici peu par M. André Thérive. Le *Huysmans-Club* ne devrait-il pas, en effet, désigner un de ses membres pour prendre la parole à la cérémonie d'inauguration d'une plaque commémorative sur la maison natale de l'auteur d'*A vau l'eau*, rue Suger ? »

17 *mai* 1924. — L'article de l'*Œuvre* y est-il pour quelque chose. En tout cas, c'est un fait : de nombreuses indiscrétions paraissent sur le Huysmans-Club. Les plus importantes sont insérées, en caractères italiques, par les *Nouvelles littéraires* sous la signature de M. André Thérive. On trouve, dans cet article, les noms de quelques membres du Club, de ses correspondants étrangers (qui ont

les droits et les prérogatives des nationaux) et la liste des convives d'un banquet qui se tint au « Chariot d'or », près la place d'Italie. On y apprend que les « Huysmaniens » ont rédigé une protestation « contre le dégagement de l'église Saint-Séverin et la construction de l'église du Raincy ».

24 *mai* 1924. — M. Gabriel-Ursin Langé envoie aux *Nouvelles littéraires* la protestation ci-dessous :

« Je trouve dans le numéro des *Nouvelles littéraires* en date du 17 mai, un article intitulé *Indiscrétions sur le Huysmans-Club*, signé de M. André Thérive, et dans lequel mon nom est cité sans raison.

« Je tiens tout particulièrement à déclarer :

« 1° Que je n'ai jamais fait partie du Huysmans-Club, bien qu'ayant écrit *Les Logis de Huysmans ;*

« 2° Que je ne me trouvais pas au dîner du « Chariot d'or » ;

« 3° Que je ne m'associe aucunement aux protestations contre la construction de l'église du Raincy.

« Sans invoquer la loi, je vous demande instamment, Monsieur le Rédacteur, de vouloir bien faire apporter, dans votre prochain numéro, les rectifications nécessaires.

« Avec mes remerciements, croyez, Monsieur, etc. »

25 *mai* 1924. — Les « Académisards » de *Paris-Soir* ayant, prétendent-ils, pénétré nuitamment dans le Huysmans-Club (service des archives), n'ont pas hésité à prendre copie de la carte qui a été adressée à M. André Thérive, 110, rue Denfert-Rochereau, Paris, XIVe :

Chartres, 19 mai 1924.

« Mon cher confrère,

« Veuillez trouver ici mon adhésion au Huysmans-Club.

« Ne m'appelez pas à la table : je viendrai personnellement. Mes sympathies.

« JORIS-KARL HUYSMANS,
de l'Académie Goncourt. »

7 *juin* 1924. — Nouvelle lettre de protestation insérée par les *Nouvelles littéraires :*

« Monsieur et cher Confrère,

« J'ignorais, jusqu'au moment où j'ai lu « mes » *Nouvelles littéraires*, qu'il existât un Huysmans-Club et un restaurant à l'enseigne du « Chariot d'or ». Aussi ai-je été plutôt surpris quand je me suis vu figurer parmi les membres du Club et les convives du Chariot. Il n'en est rien. Cela m'arrivera peut-être un jour, mais, pour l'instant, c'est comme j'ai l'honneur de vous le dire.

« Je laisse à votre aimable courtoisie le soin de faire de ce billet explicatif l'usage qui vous paraîtra le meilleur.

« En tout cas, l'occasion m'est heureuse qui me permet de vous offrir les expressions de mes sentiments les plus choisis.

« Votre bien dédié,

« LA HAULTE CHAMBRE. »

Ce mercredi 28 mai de 1924.

Nous avons, ajoutent les *Nouvelles littéraires*, communiqué cette lettre à M. André Thérive, qui a bien voulu y ajouter ce qui suit :

« Monsieur Aubault de La Haulte Chambre, que j'ai le plaisir de connaître et d'entretenir à l'occasion, est beaucoup plus renseigné qu'il n'en veut avoir l'air sur le Club. Mais il a sans doute des raisons pour se retirer dans l'honorariat. Cette qualité, en revanche, ne lui sera jamais enlevée. »

13 *juin* 1924. — Un rédacteur de l'*Opinion* a rencontré un membre anonyme du Club et l'a interviewé. Traduisant le sentiment de quelques sceptiques à tous crins, il n'a pas hésité à demander :

« — Existe-t-il, oui ou non, ce *Huysmans-Club?* Ou est-ce une fantaisie, le rêve de quelques amis, bientôt entourés de complices bénévoles ? Il n'y a rien de si facile aujourd'hui, grâce à la presse, que de « monter un bateau » à ses contemporains... Excusez-moi de cette franchise.

« Le membre du Club se rassombrit. Il est partagé entre le désir de protester et le souci de la discrétion.

« — Vous pouvez affirmer formellement l'existence du *Huysmans-Club*. Un de nos amis a peut-être commis une imprudence en l'annonçant aux *Nouvelles littéraires* sur un ton plaisant et fantaisiste. Mais cela ne l'empêche pas d'exister. Simplement nous voudrions éviter la réclame grossière. Ce n'est pas nous-mêmes que nous voulons servir, mais la mémoire de Huysmans, le culte et la pratique de ses œuvres, si personnelles ; ce qui revient à dire l'amitié pour sa personne. »

« *21 juillet 1924.* — « Dans ces conditions, déclare M. Lucien Descaves (*Le Journal*), et du moment que c'est sérieux, faut-il dire que mon concours et celui de tous les amis d'Huysmans leur est acquis ? Ils se proposent, paraît-il, d'organiser des dîners qui nous réuniraient de temps en temps dans les quartiers de Paris pour lesquels l'auteur de la Bièvre et Saint-Séverin marquait une préférence. D'accord. J'ai une raison pour désirer que ces réunions ne se fassent pas trop attendre. »

Et, après avoir rendu un hommage très sensible à Georges Landry [1], un homme obscur qui eut l'enviable privilège de vivre à l'ombre de quelques grands hommes : Barbey d'Aurevilly, Villiers de l'Isle-Adam, Bourget, François Coppée, Huysmans, pour ne citer que les plus éminents, M. Lucien Descaves conclut :

« Ne laissez pas partir ceux qui ont connu et aimé Huysmans sans les interroger sur lui et avant qu'il vous aient passé le flambeau. Georges Landry vous manquera. Il me manque à moi-même... »

A la suite de cet article, les éléments du Huysmans-Club se constituent en une société qui prend le nom de « Société Huysmans » ; la rédaction des nouveaux statuts est mise à l'étude (23 juin 1926).

1. Voir note, page 27.

Des notes publiées dans la presse commentent l'objet de ce groupement. Il s'agit de « faire respecter les droits posthumes de l'écrivain, lorsque ses héritiers et son exécuteur testamentaire auront disparu [1] ».

La liste des membres fondateurs qui constituent le comité est arrêtée comme suit :

MM. Lucien Descaves, président, Pierre Galichet, secrétaire général; Pierre Lièvre, trésorier; Paul Bourget; abbé Bremond; Léon Deffoux; Pierre Dufay; René Dumesnil; Forain; Léon Hennique; Charles Jouas; Georges Le Cardonnel; Albert Marois, beau-frère de J.-K. Huysmans; René Millaud; abbé Mugnier; Pol Neveux; Mlle Og, sœur de J.-K. Huysmans; Mme Rachilde; MM. André Thérive; Paul Valéry; Alfred Vallette; Émile Zavie.

Les communications doivent être adressées, soit au Président (46, rue de la Santé, Paris, XIVe), soit au secrétaire général (19, boulevard du Montparnasse, Paris, VIe).

Faut-il voir, dans cette société, demande le *Mercure de France* (15 juillet 1926), une première manifestation du « Huysmans-Club » dont certains ont mis en doute l'existence? Il ne serait pas tout à fait exact de répondre par l'affirmative, car la « Société Huysmans » a, dès maintenant, une personnalité, ce qui n'était pas le cas pour le « Huysmans-Club », lequel n'avait que des archives.

1. L'exécuteur testamentaire et les héritiers de J.-K. Huysmans rappellent que, suivant ses dernières volontés, la publication de ses lettres, soit isolément, soit en recueil, est expressément interdite. Toute infraction expose le contrevenant à des poursuites que les ayants-droit sont fondés à intenter. (*Bulletin de la Société des Gens de lettres*, n° 3, mars 1926).

ACTE DE DÉCÈS

L'an mil neuf cent sept, le treize mai, trois heures du soir, acte de décès de Charles-Marie-Georges Huysmans, homme de lettres, officier de la Légion d'honneur, président de l'Académie des Goncourt, né le cinq février mil huit cent quarante-huit, à Paris, y décédé en son domicile, rue Saint-Placide, 31, le douze mai courant, à sept heures et demie du soir; célibataire. Fils de Victor-Godefroy-Jean Huysmans et de Élisabeth-Malvina Badin, époux décédés. Dressé par Nous, Théodore Beaugé, chevalier de la Légion d'honneur, adjoint au maire du 6e arrondissement de Paris. Sur la déclaration de Albert Marois, quarante-cinq ans, sous-chef au Mont-de-Piété de Paris, domicilié à Bourg-la-Reine (Seine), rue des Blagis, 16, beau-frère du défunt, et de Jean de Caldain, trente-sept ans, artiste peintre, domicilié à Paris, rue Saint-Placide, 31, qui, lecture faite, ont signé avec nous.

M

Vous êtes prié d'assister aux Convoi, Service et Enterrement de

Monsieur Joris Karl Huysmans.

Homme de Lettres,
Président de l'Académie des Goncourt,
Officier de la Légion d'Honneur,

décédé le 12 Mai 1907 muni des Sacrements de l'Église, en son domicile, Rue Saint-Placide N° 31, à l'âge de 59 ans;

Qui se feront le Mercredi 15 courant, à 10 heures très précises, en l'Église Notre-Dame des Champs, sa paroisse.

De Profundis.

On se réunira à la Maison Mortuaire.

De la part de Mademoiselle Juliette Og, de Monsieur et Madame Albert Marois, ses sœurs et beau-frère, de Mesdemoiselles Suzanne et Germaine Marois, ses nièces, de Madame Veuve Armand Colin, de Monsieur et Madame Paul Badin, de Monsieur et Madame Paul Gout, de Monsieur et Madame Max Leclerc et leurs enfants, de Monsieur et Madame Victor Bérard et leurs enfants, de Messieurs André et Marcel Badin, de Monsieur et Madame Maurice Beverat et leurs enfants, de Monsieur et Madame Albert Chevalet et leurs enfants, de Madame Veuve Alavoine et ses enfants, ses cousins, cousines, petits-cousins, petites-cousines, et de ses amis.

L'Inhumation aura lieu au Cimetière Montparnasse.

Administration générale des [illegible]

TABLE DES NOMS
DE PERSONNES ET DE PUBLICATIONS CITÉS DANS L'OUVRAGE

BIBLIOGRAPHIE

I

BIBLIOGRAPHIE DES OUVRAGES DE J.-K. HUYSMANS

LE DRAGEOIR A ÉPICES. Paris, Dentu, 1874 ; in-18 de 115 pages. Tirage à 300 ex. numérotés.

LE DRAGEOIR AUX ÉPICES, 2e édition. Paris, Librairie générale, 1875 ; in-18. Les exemplaires de cette édition sont ceux de l'édition originale avec une nouvelle couverture et un nouveau titre.

LE DRAGEOIR AUX ÉPICES, suivi de pages retrouvées. (Autour des fortifications. — La grande place de Bruxelles.) Frontispice gravé sur bois, par L. Jou. Les Maîtres du Livre, Crès, 1916 ; in-16 (1.380 ex., dont 5 vieux japon impérial, 15 Chine, 50 Japon impérial, 110 Vergé de Rives vert-chartreuse et 1.200 Rives). L'achevé d'imprimé porte l'indication suivante : « Le présent ouvrage a été achevé d'imprimer en caractères de Baskerville par Berger-Levrault, à Nancy, après le 8e bombardement de la ville, le 7 août MCMXVI. Les ornements typographiques ont été dessinés et gravés sur bois par Pierre-Eugène Vibert ».

LE DRAGEOIR AUX ÉPICES, suivi de pages retrouvées.

Nouvelle édition comprenant un tirage à part de 55 ex. sur papier Vergé de Hollande, couverture illustrée d'un bois de Daragnès. Crès, 1921 ; in-16.

MARTHE, HISTOIRE D'UNE FILLE. Bruxelles, Gay, 1876; in-18, de 144 pages. (Il a été tiré quelques exemplaires sur Hollande, non numérotés.)

MARTHE, HISTOIRE D'UNE FILLE, avec eau-forte impressionniste de J.-L. Forain. Paris, Derveaux, 1879 ; in-18 de 224 pages. Il a été tiré à part un ex. Japon, 1 Hollande, 1 Vergé.

MARTHE, HISTOIRE D'UNE FILLE. Dessins de Bernard Naudin; in-12, VIII-183 p., 1914, Crès; Collection « Les Proses ». Il a été tiré à part 98 exemplaires sur Japon, 135 sur Hollande et 110 sur Vélin plus 20 ex. pour la Société des Vingt.

MARTHE. Collection « Une heure d'oubli » à 0,45. Ernest Flammarion, éditeur, s. d. (1920); petit in-18.

EMILE ZOLA ET L'ASSOMMOIR, s. l. n. d. ; grand in-8 de 10 pages à 2 colonnes. Extrait du journal *L'Actualité*, publié à Bruxelles (1877).

SAC AU DOS. Bruxelles, imprimerie Félix Callevaert, 1878; in-16 carré de 35 pages. Tirage à 10 exemplaires sur Chine, hors commerce. (Extrait de la revue *l'Artiste*, de Théodore Hannon.)

SAC AU DOS. Dans les *Soirées de Médan*. Paris, Charpentier, 1880; in-18 de 301 p. Il a été tiré à part 50 ex. Hollande et 50 Chine.

SAC AU DOS. Dans les *Soirées de Médan ;* avec les portraits des six auteurs, eaux-fortes de F. Desmoulin et

ODILON REDON

CHRIST

Huysmans admirait particulièrement, dans l'œuvre de Redon, ce « visage de supplicié strié d'épines ».

six compositions de Jeanniot, gravées à l'eau-forte par E. Muller. Paris, Charpentier et Cie, 1890 ; in-8.

SAC AU DOS, avec 15 gravures à l'eau-forte dans le texte, le portrait de l'auteur et 4 eaux-fortes hors-texte par Barlangue. Paris, Collection des Dix, Romagnol, 1913 ; in-8. Tirage à 350 ex. dont 20 Japon. (Ces ex. sont augmentés d'une préface de M. G. Coquiot.)

LES SŒURS VATARD. Paris, Charpentier, 1879 ; in-12 de 323 pages. Il a été tiré à part 10 Hollande et 2 Chine (hors commerce).

LES SŒURS VATARD. Paris, F. Ferroud, 1909 ; grand in-8° ; 28 compositions dont 5 hors-texte en couleurs dessinés et gravés par J.-F. Raffaëlli. Tirage à 250 exemplaires : 20 Japon impérial, 90 Japon, 140 Vélin d'Arches. Parmi les 28 compositions, un portrait de Huysmans sur le titre.

LES SŒURS VATARD. (Nouvelle collection illustrée), illustrations de Hector Dumas. Paris, Calmann-Lévy, 1912 ; in-8.

PRÉFACE pour GAMIANI. Gay et Doucé. Bruxelles, 1878 ; in-18.

CROQUIS PARISIENS, avec eaux-fortes de Forain et Raffaëlli. Paris, Henri Vaton (Bruxelles, imprimerie Félix Callevaert, père), 1880 ; in-8 de 108 pages y compris le frontispice (eau-forte de Forain), le titre rouge et noir et 1 f. (table des matières). 7 eaux-fortes hors-texte (plus le frontispice). Vicaire indique que quelques exemplaires contiennent en plus des 8 gravures, 2 planches de Forain refusées par l'auteur comme ne se rapportant pas à son sujet.

Ces deux planches sont relatives au chapitre « Les Folies-Bergères » ; la première représente une femme causant avec deux messieurs ; la seconde deux filles à demi-nues, attablées dans un estaminet en compagnie d'un individu à casquette. Tirage à 500 ex. sur vergé, 20 Japon, 20 Hollande et 5 Chine.

CROQUIS PARISIENS. Nouvelle édition augmentée d'un certain nombre de pièces et d'un portrait gravé par Escherer. Paris, Vanier, 1886 (« imprimé dans le format presque perdu de quelques eucologes »). Il a été tiré 13 exemplaires sur papier du Japon, des factoreries hollandaises de Décima ; 13 exemplaires sur papier Bambou des comptoirs de Brahmapoutre; 13 exemplaires sur papier à chandelle vendu par un sieur Chiquet, beurrier, rue du Cygne ; 500 exemplaires sur papier des fabriques du Périgord.

CROQUIS PARISIENS. A Vau-l'eau. Un dilemme. Paris, Stock, 1905 ; in-12. (Les éditions suivantes parurent chez Plon-Nourrit.) De l'édition Stock, il a été tiré à part 19 exemplaires sur papier de Hollande et 9 sur Japon.

CROQUIS PARISIENS. Paris, Editions Crès, Musée du Livre, 1927 ; in-8. Tirage à 1.300 exemplaires avec des eaux-fortes.

DEUX SONNETS (SONNET MASCULIN ET SONNET SAIGNANT). Parnasse satyrique du XIXe siècle, t. III (Nouveau Parnasse satyrique), Bruxelles, 1881.

EN MÉNAGE. Paris, Charpentier, 1881 ; in-12, de 348 pages. Il a été tiré à part 10 ex. Hollande et 2 Chine hors commerce.

EN MÉNAGE. Paris, Jonquières, 1923, in-16 soleil ; avec 23 dessins en noir et en couleurs par Em. Jodelet. Tirage à 1.080, dont 30 Hollande et 50 Japon.

PIERROT SCEPTIQUE. Pantomime en collaboration avec Léon Hennique. Dessins de Jules Chéret. Paris, Rouveyre, 1881 ; in-8 de 28 pages. Tirage à 300 ex. dont 250 vélin et 50 Japon.

PRÉFACE aux RIMES DE JOIE, de Théodore Hannon. Bruxelles, Gay, 1881, in-12.

A VAU L'EAU. Portrait à l'eau-forte par Am. Lynen. Bruxelles, Kistemaeckers, 1882 ; in-16 de 144 pages. Tirage à 1.000 ex. vergé et 10 Japon. Dans l'*Annuaire des Ventes de livres* publié par Léo Delteil (1918-1920, p. 201) cette édition est mentionnée avec l'orthographe suivante : *A Veau l'eau;* on retrouve cette faute au verso du faux-titre des *Croquis parisiens* (Ed. Vanier, 1886) dans la liste des ouvrages du même auteur. Nous avons questionné à ce sujet M. Kistemaeckers père, qui, par une lettre datée du 4 novembre 1925, nous a déclaré que jamais aucun exemplaire n'avait porté cette faute d'orthographe.

A VAU L'EAU. Portrait à l'eau-forte de A. Delattre. Paris, Tresse et Stock, 1894 ; petit in-18. Il a été tiré à part 10 ex. Japon et 10 Chine.

A VAU L'EAU. Voir réédition des *Croquis parisiens*, 1905.

L'ART MODERNE. Paris, Charpentier, 1883 ; in-12 de 285 pages. Il a été tiré à part 5 Hollande et 5 Japon.

L'ART MODERNE. Nouvelle édition, Stock, depuis chez

Plon, 1902 ; in-12. De l'édition Stock, il a été tiré à part 10 ex. sur papier du Japon et 24 Hollande.

A REBOURS. Paris, Charpentier, 1884 ; in-12 de 294 pages. Il a été tiré à part 10 ex. Hollande et 10 Japon.

A REBOURS, avec 220 gravures sur bois, en couleurs, d'Auguste Lepère. Préface inédite de l'auteur. Paris, pour les Cent Bibliophiles, 1903 ; in-8. Tirage à part 130 ex. hors commerce.

PRÉFACE pour A REBOURS. Paris, pour les *Cent Bibliophiles*, 1903, in-8 de 24 pages. Tirage à part de la Préface à 120 ex. hors commerce.

A REBOURS, nouvelle édition (13e mille), avec une préface inédite. Paris, Charpentier et Fasquelle, 1903 ; in-12.

PRÉFACE pour A REBOURS, nouvelle édition séparée. Bruxelles, édition Durandal, 1904 ; in-8 de 15 pages. Avec une photogravure représentant Huysmans à Ligugé.

A REBOURS, avec 53 illustrations soit 18 hors-texte et 35 dessins dans le texte par Auguste Leroux : les hors-texte gravés à l'eau-forte par E. Decisy, les figures dans le texte, sur bois, par Clément. Parmi les 18 hors-texte, le portrait de Huysmans (frontispice). Paris, Ferroud, Librairie des Amateurs, 1920 ; in-8. Tirage à 1.200 exemplaires dont 30 grand Japon, 170 Japon et 1.000 Vélin.

A REBOURS, avec une préface de l'auteur écrite vingt ans après le roman et une bibliographie de l'œuvre de J.-K. Huysmans. Portrait dessiné et gravé sur bois par Achille Ouvré. Paris, Crès, Bibliothèque de l'Académie

Goncourt, 1922 : in-8. Tirage à 1.650 ex. dont 150 hors commerce, le tout sur Vélin pur fil Lafuma.

A REBOURS, avec une préface de l'auteur écrite vingt ans après le roman ; à Paris, au Sans-Pareil, 1924, « La bonne compagnie » ; in-18 jésus. Tirage à 1.590 ex. dont 40 sur Vergé blanc de Hollande, 1.550 sur Vélin Lafuma et 22 hors commerce.

J.-K. HUYSMANS, bibliographie signée A. Meunier, dans les *Hommes d'aujourd'hui*. Paris, Vanier, n° 263. 6e volume, année 1885. Avec une caricature de Huysmans par Coll-Toc.

LA BIÈVRE. S. l. (Amsterdam), s. d. (1886) et sans nom d'imprimeur, in-8, couv. non imprimée, 10 pages, y compris le titre (titre de départ) qui porte en plus, dans le haut : « *De Nieuwe Gids*, août 1886 ». Tirage à part, à une dizaine d'exemplaires, de la revue hollandaise *De Nieuwe Gids*, dans laquelle *la Bièvre* a paru en français.

LES VIEUX QUARTIERS DE PARIS, LA BIÈVRE, avec vingt-trois dessins et un autographe de l'auteur (*sic*). Paris, L. Genonceaux, 1890 ; in-8, de 43 p. Le verso, n. ch. contenant le nom de l'imprimeur, le recto suivant (n. ch.) portant cette indication : *En préparation* : *Les Vieux Quartiers de Paris*. Bercy, par Henri (*sic*) Céard. Saint-Séverin, par J.-K. Huysmans. *Le Marais*, par Henri (*sic*) Céard. L'illustration est composée par la reproduction (la première en couleurs) d'aquarelles et de dessins de : E. Tanguy, Trimolet, Chauvet, Schrœder, Derey, Péquegnot, Martial Potément, Iceman, Léon Jacques, Sylvestre, plus des reproductions partielles des plans de Roussel (1731), d'Olivier Truschet et Germain Hoyau (1552).

La Bièvre et Saint-Séverin. Paris, Stock, 1898; in-18, de 224 pages. Il a été tiré à part 13 exemplaires sur papier de Chine, 10 sur Japon, 40 sur Hollande.

La Bièvre, les Gobelins, Saint-Séverin. 4 eaux-fortes et 30 gravures sur bois par Auguste Lepère. Paris, Société de propagation des livres d'art, 1900; grand in-8 de 157 pages. Tirage à 695 exemplaires dont 20 Japon et 75 Chine pour la Librairie Conquet, plus 20 Vélin pour la Société des Vingt. (Cette édition est parfois indiquée comme édition Lahure, du nom de l'imprimeur.) Il existe, en outre, un album constitué par dix eaux-fortes de Lepère sur la Bièvre « pour compléter mes illustrations du livre de J.-K. Huysmans », plus deux planches ajoutées (soit douze eaux-fortes) avec couverture, faux-titre et notice de Lepère (4 pages avec bois en noir et en couleurs). Imprimé pour M. Bracquemond.

La Bièvre, avec 4 eaux-fortes de Léon Lebègue et 14 compositions, gravées sur bois par Boizet. Paris, Librairie des Amateurs, F. Ferroud, 1914; in-8. 516 ex. dont 180 sur Japon, 12 Chine et 324 Vélin teinté.

La Bièvre. Delvau, Huysmans, Mithouard, avec une critique et un portrait par André Suarès et 5 paysages gravés sur bois d'Alfred Latour. Paris, impr. Frazier-Soye; Société Gilles-Corrozet, 1922; in-4, 96 pages. Tirage à 110 ex. dont 100 de sociétaires et 10 de collaborateurs.

La Bièvre et Saint-Séverin, illustré de 28 eaux-fortes originales, par A. Brouet. G. Boutitie et Cie. (Les

Collections de l'Estampe, 1925); in-4 tellière. 20 exemplaires sur papier Madagascar, 50 sur Vergé d'Arches, 420 sur Vélin d'Arches.

UN DILEMME. Paris, Tresse et Stock, 1887; in-18, de 124 pages. Il a été tiré à part 10 ex. Hollande et 10 Japon (voir réédition des *Croquis parisiens* de 1905).

EN RADE. Paris, Tresse et Stock, 1887; in-12, de 323 pages. Il a été tiré à part 10 ex. Hollande et 10 Japon. (La première version de *En Rade*, publiée dans la *Revue indépendante*, en 1884, est un peu différente.)

EN RADE. Avec 19 eaux-fortes originales en couleurs et 37 bois originaux de Paul Guignebault. Paris, Kieffer et Blaisot, 1911; in-4. Tirage à 250 ex. sur Vélin d'Arches.

LÉON HENNIQUE. Biographie, dans *les Hommes d'aujourd'hui*. Paris, Vanier, n° 314, 7e volume, année 1887.

LUCIEN DESCAVES. Biographie, dans *les Hommes d'aujourd'hui*. Paris, Vanier, n° 367, 8e volume, année 1888.

LES TYPES DE PARIS, LES HABITUÉS DE CAFÉ. Edition du *Figaro* et Plon-Nourrit. Paris, 1889, in-4. Livraison n° 10. Six dessins dans le texte par J.-F. Raffaëlli.

CERTAINS. (*G. Moreau, Degas, Chéret, Whistler, Rops, Le Monstre, Le Fer.*) Paris, Tresse et Stock, 1889; in-18, de 230 pages. Il a été tiré à part 10 ex. Hollande et 15 Japon.

LA-BAS. Paris, Tresse et Stock, 1891; in-12 de 442 pages. Il a été tiré à part 10 ex. Hollande et 10 Japon.

LA-BAS. Paris, Crès, 1912. (Les Maîtres du Livre) avec

un portrait de l'auteur, gravé sur bois par P.-E. Vibert; in-16. Tirage à 1.006 ex. (3 vieux Japon, 3 Chine, 48 Japon impérial, dont 6 hors commerce, 950 Rives, 50 hors commerce).

LA-BAS, avec une suite de 17 gravures et des bandeaux de Henry Chapront. Paris, La Connaissance, 1924 ; in-16. Il a été tiré 10 Japon, 100 Hollande van Gelder (réservés aux « Médecins et Avocats bibliophiles »), 900 Vélin de Rives filigranés.

LA-BAS, illustré de 72 bois gravés et 18 eaux-fortes par Hertenberger, hors-texte en noir. Avant-propos de Lucien Descaves ; in-4 de 274 pages, tiré à 390 ex. sur vélin de Rives. Paris, Briffaut, 1926.

PRÉFACE au LATIN MYSTIQUE, de Remy de Gourmont. Paris, Mercure de France, 1892. Cette préface n'a pas été maintenue dans les rééditions du *Latin Mystique* faites du vivant de Remy de Gourmont et il est même à remarquer que les passages du livre que citait Huysmans ont été supprimés.

EN ROUTE. Paris, Tresse et Stock, 1895 ; in-12 de 458 pages. Il a été tiré à part 50 ex. Hollande et 12 Japon.

PRÉFACE pour la 7e édition d'EN ROUTE. Paris, Tresse et Stock, 1896, in-8 de 8 pages (V à XII). Tirage à quelques ex. sur papier ordinaire et hors commerce.

EN ROUTE, avec 2 bois gravés rehaussés d'or, 19 bandeaux et 19 lettres ornées de Malo Renault, tirage à 1.000 exemplaires dont 10 Vergé van Gelder, 10 Chine hors commerce, 980 Vergé Lafuma. Paris, la Connaissance, 1922, in-4°.

EN ROUTE. Éditions Larousse. Paris. Vienne (Autriche), 20 Kohlmarkt. Imprimerie Mantz, Vienne (Autriche), n° 29 de la collection. — Un volume cartonné, cartonnage de l'éditeur, s. d. (1923). Vente interdite en France, dans les colonies françaises et en Belgique.

PRÉFACE au PETIT CATHÉCHISME LITURGIQUE de l'abbé Henri Dutilliet. Paris, Bricou, 1895, petit in-18.

PRÉFACE à LE SATANISME ET LA MAGIE, par Jules Bois. Paris, Chailley, 1895.

FÉLICIEN ROPS ET SON ŒUVRE (L'ŒUVRE ÉROTIQUE DE ROPS). Bruxelles, Deman, 1896 (par Huysmans, Péladan, Champsaur, Demolder, Verhaeren, etc.).

FÉLICIEN ROPS ET SON ŒUVRE. Paris, *La Plume*, par Huysmans, Péladan, etc. (Numéro spécial de *La Plume*, 15 juin 1896).

PRÉFACE pour PAUL VERLAINE, SES PORTRAITS, par F.-A. Cazals. Paris, Bibliothèque de l'Association, 1896.

LA SORCELLERIE EN POITOU : GILLES DE RAIS. Paris, Librairie de la Tradition nationale, 1897, in-8 ; Tirage à 100 ex. (C'est la fausse première édition.)

LA CATHÉDRALE. Paris, Stock, 1898, in-12 de 488 pages, portrait à l'eau-forte de l'auteur, par Eugène Delattre, frontispice en couleurs du sculpteur Pierre Roche, sur parchemin églomisé (cela pour les 10 exemplaires sur Chine, les 21 Japon et les 100 Hollande). Le papier Hollande a été fabriqué pour ce tirage avec un filigrane (la cathédrale de Chartres) dessiné spécialement par Louis Chevalier.

LA CATHÉDRALE, avec 64 eaux-fortes originales de

Charles Jouas. Paris, Blaizot et Kieffer, 1909 ; petit in-4°. Tirage à 250 ex. dont 200 Vélin et 50 Japon.

LA CATHÉDRALE, avec deux eaux-fortes originales de Charles Jouas et des dessins du même artiste, gravés sur bois par Eugène Dété. Crès et Cie, 1919-1920, 2 volumes in-16 ; Collection *le Livre Catholique*, tiré à 1.610 ex., dont 60 vieux Japon à la forme et 1.550 Vélin de Rives.

LA MAGIE EN POITOU, GILLES DE RAIS. Ligugé, 1899 ; in-8 de 28 pages, avec 5 photographies représentant des vues du château de Tiffauges. Tirage à 100 ex. hors commerce. (C'est la véritable première édition.)

PAGES CATHOLIQUES. Préface de M. l'abbé A. Mugnier. Paris, P.-V. Stock, 1900 ; in-12 de 442 pages. Il a été tiré à part 30 ex. sur Hollande, 10 sur Japon, 13 sur Chine.

PRÉFACE pour LA JEUNESSE DU PÉRUGIN ET LES ORIGINES DE L'ÉCOLE OMBRIENNE, par l'abbé Broussolle. Paris, Lecène et Oudin, 1901.

SAINTE LYDWINE DE SCHIEDAM. Paris, Stock, 1901 ; grand in-8, de 348 pages, caractères gothiques, édition imprimée à Hambourg, 10 ex. sur Chine, 80 Hollande, 1.150 sur papier ordinaire.

SAINTE LYDWINE DE SCHIEDAM. Paris, Stock, 1901 ; in-16. Il a été tiré à part 60 ex. sur Hollande.

SAINTE LYDWINE DE SCHIEDAM. Paris, Crès, 1922, in-18 ; frontispice, bandeaux, lettres et culs-de-lampe dessinés et gravés par Alfred Latour, Collection *le Livre Catholique*. Tirage à 2.340 ex. dont 70 vieux Japon à la forme, 70 grand Vélin de Rives et 2.200 Vélin de Rives.

DE TOUT. Paris, Stock, 1902 ; in-12 de 316 pages. Il a été tiré à part 12 exemplaires Japon et 50 Hollande.

L'OBLAT. Paris, Stock, 1903 ; in-12 de 448 pages. Il a été tiré à part 80 ex. sur Hollande, 15 sur Japon et 10 sur Chine.

ESQUISSE BIOGRAPHIQUE SUR DON BOSCO. S. l. n. d. Paris, école typographique de Don Bosco, Librairie Salésienne, 1903, in-12 allongé de 80 pages.

PRÉFACE aux POÉSIES RELIGIEUSES DE PAUL VERLAINE. Paris, Messein, 1904 ; in-12 de 180 pages. Il a été fait de cette préface un tirage à part à petit nombre dont 5 ex. sur Hollande.

PRÉFACE aux POÉSIES RELIGIEUSES DE PAUL VERLAINE. (*Le Livre Catholique.*) Éditions G. Crès et Cie, 1921 ; in-8, XXIV-239 pages, avec bois de Charles Bisson, ornements typographiques, bandeaux et culs-de-lampes dessinés et gravés par Alfred Latour.

LE QUARTIER NOTRE-DAME, avec un portrait et 30 illustrations gravées à l'eau-forte par Charles Jouas. Paris, Romagnol, Librairie de la *Collection des Dix*, s. d., 1905) ; petit in-8 de 36 pages. Tirage à 350 ex. dont 20 réimposés in-octavo jésus Arches ou Japon, 130 ex. format in-octavo soleil et 200 ex. in-octavo soleil.

LES DEUX FACES DE LOURDES. Paris, P.-V. Stock, 1905. Ce sont les premiers placards d'imprimerie des *Foules de Lourdes*, avant le changement de titre. Ces placards tirés à une dizaine d'exemplaires représentent environ 32 pages.

LES FOULES DE LOURDES. Paris, Stock, 1905 ; in-12 de

314 pages (devait d'abord paraître sous le titre : *Les deux faces de Lourdes*). De l'édition Stock, il a été tiré à part 70 ex. sur papier de Hollande, 10 sur Japon et 10 sur Chine.

TROIS PRIMITIFS. *Les Grünewald du Musée de Colmar, Le maître de Flémalle et la Florentine du Musée de Francfort-sur-le-Mein*. Paris, A. Messein, 1905; in-8, de 106 pp. 1, p. n. ch. pour la table. Il a été tiré de ce livre : dix-sept exemplaires sur Japon Impérial, 6 planches en phototypie.

TROIS ÉGLISES ET TROIS PRIMITIFS. *La symbolique de Notre-Dame, Saint-Merry, Saint-Germain-l'Auxerrois*. Paris, Plon-Nourrit, 1908; in-12. Il a été tiré à part 71 ex. sur Hollande, 10 sur Japon et 10 Chine. Bien que cet ouvrage porte la firme de Plon, il a été établi sous la direction de P.-V. Stock.

PRIÈRES ET PENSÉES CHRÉTIENNES, extraites des œuvres de J.-K. Huysmans avec une introduction et des notes par Henri d'Hennezel. Lyon, Lardanchet, 1910, in-32 de 92 pages. Il a été tiré à part 12 ex. sur Japon.

PAGES CHOISIES. Introduction par Lucien Descaves. Collection Gallia, 1913 ; petit in-16.

TROIS ÉGLISES, avec 21 eaux-fortes de Charles Jouas. Paris, R. Kieffer, 1920; grand in-8, de 167 pages, fig., pl., couverture illustrée. (La couverture imprimée porte : *Trois églises. La symbolique de Notre-Dame, Saint-Merry, Saint-Germain-l'Auxerrois*). Tirage à 250 exemplaires dont 20 avec 3 états des eaux-fortes et une aquarelle originale ; 30 avec 3 états des eaux-fortes ; 20 avec

2 états des eaux-fortes ; 180, avec un état des eaux-fortes. Il a été tiré en outre 10 exemplaires sur Japon ancien contenant : 1° une aquarelle originale ; 2° tous les états du graveur pour chaque planche ; 3° une suite en couleurs tirée sous la direction de Ch. Jouas, d'après ses originaux.

EN MARGE, préfaces de J.-K. Huysmans, réunies par Lucien Descaves. Paris, Lesage, 1927 ; in-16. Tirage à 1.000 exemplaires.

Addenda. — MARTHE. Orné de 35 bois en couleurs, par A. Dignimont. Tirage à 326 exemplaires : 1 sur Japon Shidzuoka avec suite sur chine et 10 dessins originaux ; 25 sur japon, avec un dessin original ; 300 sur Vélin d'Arches. Paris, Marcel Seheur, 1926 ; grand in-8.

II

ICONOGRAPHIE

ANONYMES. Huysmans à 7 ans, dessin à la mine de plomb reproduit dans la *Revue hebdomadaire*, le 25 avril 1908. — Portrait de J.-K Huysmans, à l'époque où il écrivit *La Bièvre* (1886), *Journal*, 29 mai 1922. — Portrait sur bois : Huysmans sous la croix, d'après le cliché de Dornac. Reproduit dans le *J.-K. Huysmans* de Dom Besse, 1917.

ADLER (E.). Composition : Huysmans devant la cathédrale de Chartres. Reproduite dans *Les logis de J.-K. Huysmans* de G.-U. Langé et M.-C. Poinsot (1919).

BARLANGUE. Portrait (buste), à l'eau-forte, pour l'édition de *Sac-au-Dos* (Collection des Dix).

BARTHOLOMÉ. Portrait d'Huysmans. Ce portrait se trouvait chez Huysmans à Ligugé. Il est signalé par Jules Huret dans son livre *Tout yeux tout oreilles* (chez Joris-Karl Huysmans, p. 410 et s.). Paris, Fasquelle, 1901.

COLL-TOC. Caricature pour le n° 263 des *Hommes d'aujourd'hui*. Paris, Vanier, s. d.

DELATTRE (A.). Eau-forte. Portrait, buste, trois-quarts dans *A Vau l'eau*, Stock, petit in-18, 1894.

DELATTRE (A.). Eau-forte. Portrait, buste avec un chat sur les épaules. Dans *La Cathédrale*, les 131 exemplaires de luxe du premier tirage ; Stock, 1898.

DESMOULIN (F.). Portrait gravé à l'eau-forte pour l'édition illustrée des *Soirées de Médan* ; Charpentier, 1890.

ESCHERER. Portrait, buste pour les *Croquis parisiens*. Édition Vanier, 1886.

FORAIN. Portrait (1878 ?). — Pointe-sèche tirée à quelques exemplaires pour ses amis et exécutée de mémoire (1907).

HEXAMER. Médaillon, terre-cuite, d'Huysmans (1907) placé dans le cloître de l'église Saint-Séverin.

JOUAS (CHARLES). Portrait à l'eau-forte, buste pour le *Quartier Notre-Dame*. Collection de l'Académie des Goncourt, 1905.

LABBÉ (FÉLIX). Portrait, d'après une photographie de Boissonnas et Taponier. Dans le livre de Aubault de la Haulte-Chambre : *J.-K. Huysmans, Souvenirs*. 1924. Le bras du fauteuil est orné d'une tête de Aubault de la Haulte-Chambre.

LEROUX (AUGUSTE). Portrait à l'eau-forte : Huysmans assis dans un fauteuil, les jambes croisées et le chat « Barre de rouille » sur les genoux. Frontispice pour *A Rebours* ; Librairie des Amateurs, 1920.

LOEVY (LADISLAS). Portrait de profil (daté juillet 1903) publié par *l'Intransigeant*, le 13 mai 1907.

LYNEN (AMÉDÉE). Huysmans à trente ans, buste, dessin, reproduit dans la *Revue hebdomadaire*, le 9 mai 1908. — Eau-forte. Portrait de face pour *A Vau l'eau*. Bruxelles, Collection du bibliophile, 1882.

OUVRÉ (ACHILLE). Portrait (bois), d'après une photographie de Boissonnas et Taponier. Reproduit dans *A Rebours ;* Bibliothèque de l'Académie Goncourt, 1922.

RAFFAËLLI (J.-L.). Portrait pour l'étude de Roger Marx sur J.-K. Huysmans. Paris, Kleinmann, 1893. — Portrait aux « crayons à l'huile », par Raffaëlli, sur l'exemplaire de *A Rebours* appartenant à Edmond de Goncourt. Il figurait dans la vitrine où celui-ci exposait les portraits des littérateurs amis, des habitués du Grenier, peints ou dessinés sur le plat de la reliure. Goncourt décrit ainsi ce portrait dans son *Journal* (tome IX, page 286, 14 décembre 1894) : « Un portrait enlevé dans un beau et coloré relief et donnant la constriction du corps du nerveux auteur ». Cet exemplaire appartient aujourd'hui à M. Paul Muret. — Portrait à l'eau-forte pour le titre des *Sœurs Vatard*, édition Ferroud, 1909. — Eau-forte. Portrait en pied, reproduit dans le *Vrai J.-K. Huysmans* de Gustave Coquiot, 1912.

VALLOTON (FÉLIX). Portrait pour le *Livre des Masques* de Remy de Gourmont (1896).

VÉRET (OCTAVE). Masque, pour le *J.-K. Huysmans, Converti littéraire* de Léon Deffoux et Émile Zavie, 1914.

VIBERT (P.-E.). Portrait sur bois pour les éditions Crès, collection des Maîtres du Livre.

PHOTOGRAPHIES. Buste (avec les membres de l'Académie Goncourt), *Illustration*, 1er août 1896. — Trois clichés de Dornac (de la série « Nos contemporains chez eux »). L'un, très souvent reproduit : Huysmans debout sous un crucifix, portrait trois-quarts, les mains dans les poches du veston ; le second, Huysmans assis feuilletant les *Acta Sanctorum ;* le troisième, Huysmans à sa table de travail. Tous les trois de 1898 environ. — Huysmans, à Ligugé (1901). Reproduite en photogravure, dans l'édition séparée de la Préface *d'A Rebours.* Bruxelles, Éditions Durandal, 1904, in-8. — Deux clichés de Boissonnas et Taponier : l'un (buste) Huysmans accoudé à un fauteuil, la tête inclinée à droite et reposant sur la main droite (cliché pris en 1904 environ) ; l'autre, même époque, Huysmans assis de face et tenant un livre ouvert sur les genoux. La seconde de ces photographies a été reproduite dans le livre d'André du Fresnois : *Une étape de la conversion de Huysmans,* 1912 : elle a été interprétée sur bois par Achille Ouvré pour l'édition d'*A Rebours*, de Crès. — Par Pirou, publiée par *le Journal,* le 13 mai 1907. — Huysmans à Lourdes (il a les mains dans les poches de son pardessus et est coiffé d'un béret), photographie reproduite dans la *Revue hebdomadaire,* le 14 novembre 1908. — Pour la deuxième Collection Félix Potin (s. d.).

III

QUELQUES LIVRES, PLAQUETTES, ARTICLES DE REVUES ET DE JOURNAUX CONSACRÉS A J.-K. HUYSMANS

AGEORGES (JOSEPH). Opinion sur Huysmans. *Revue des Flandres,* Lille, n° 5, juin 1907.

ALEXIS (PAUL). Article sur les *Soirées de Médan ; Les Cloches de Paris,* 4 juin et 2 juillet 1877 ; *Gil Blas,* 22 avril 1881 ; *Le Journal,* 31 janvier 1893.

ANDRÉ (F.). Au pays des moines (J.-K. Huysmans). *Nouvelle Revue,* t. VI, p. 240-257.

ANONYMES. Un dîner littéraire (A propos de J.-K. Huysmans). *Gazette de Lausanne,* 29 mai 1907. — Sur les Allemands à l'abbaye d'Igny ; *La Semaine religieuse de Paris,* 1er janvier 1916. — Les lectures qu'il ne faut pas faire; *Semaine religieuse de Paris,* 15 avril 1922. — Une clef pour les romans de Huysmans (d'après M. G. Aubault de la Haulte Chambre) ; *Écho de Paris,* 22 juin 1922.

ANTOINE. *Mes souvenirs du Théâtre-Libre.* Paris, Fayard, 1921.

ARNAUD (CHARLES). *En Route ; Polybiblion littéraire,*

tome XLIV, p. 21-23, 1896. — *L'Oblat; Polybiblion littéraire*, tome LVII, p. 303-304, 1896.

Aubault de la Haulte Chambre. *J.-K. Huysmans, souvenirs*. Paris, Figuière, 1924. — Le parrain de Durtal (Dr de Lézinier). *La Mouette* du Havre, juin 1926.

Avril (Jean d'.). Voir Raymond de Rigné. (*La Cité vivante*, 1922.)

Bachelin (Henri). *J.-K. Huysmans. Du Naturalisme littéraire au Naturalisme mystique*. Avant-propos : Vie de J.-K. Huysmans. Paris, Perrin, 1926.

Banville (Théodore de). *Le Drageoir à épices*; *National*, 18 janvier 1875 et *Gil Blas*, 6 juin 1884. — *Les Soirées de Médan; National*, 3 mai 1880.

Baragnon (Louis Numa). *Trois Églises et trois Primitifs. Soleil*, 26 avril 1908.

Barbey d'Aurevilly. *A Rebours. Le Constitutionnel*, 28 juillet 1884. — *Les Œuvres et les Hommes* (Le Roman contemporain). Paris, Lemerre, 1902.

Barrès (Maurice). *Les Taches d'encre* (a. s. d'*A Rebours*), janvier 1885, n° 3, p. 38. — Opinion sur Huysmans ; *Revue des Flandres*. Lille, n° 5, juin 1907.

Baumann (Émile). Pitié pour deux morts. (Réponse à un article de René Martineau sur Léon Bloy et Georges Landry.) « *Vient de paraître* », mai 1925.

Bazin (René). Opinion sur Huysmans. *Revue des Flandres* (Lille), n° 5, juin 1907.

Beaunier (André). La pensée de J.-K. Huysmans. *Figaro, Supplément littéraire*, 18 mai 1907.

BEAUNIER (ANDRÉ). *Éloges* (J.-K. Huysmans). Paris, Roger et Chernoviz, 1909.

BECQUE (HENRI). Zut au berger. *Le Matin*, 21 juin 1884.

BELLEVILLE (ABBÉ F.). *La Conversion de Huysmans.* Bourges, chez l'auteur, 1898.

BERNARD (ÉMILE). Une conversation avec Cézanne. *Mercure de France*, 1er juin 1921.

BERRIAT (CAMILLE) et HEIMANN (ALBERT). *Petit traité de littérature naturaliste* (d'après les maîtres), par Camille B. et Albert H. Paris, Vanier, 1880.

BESSE (R. P. DOM). Huysmans, artiste de la douleur chrétienne, *Gazette de France*, 19 mai 1907. — *J.-K. Huysmans*. Paris, Librairie de l'art catholique, 1907.

BIRÉ (EDMOND). Sur *Là-Bas*. *Revue de France*, 9 mai 1891.

BLANDIN (HENRY). *J.-K. Huysmans* (l'Homme, l'Écrivain, l'Apologiste). Paris, Maison du Livre, 1912.

BLOY (LÉON). Les représailles du Sphinx (*A Rebours*), *Le Chat noir*, juin 1884. — L'incarnation de l'adverbe, article daté de Copenhague, 14 mai 1891, et publié par *La Plume* du 1er juin 1891. — Interview par Louis Vauxcelles. *Matin*, 10 septembre 1904. — *Belluaires et Porchers*. Paris, Stock, 1905, p. XXXVII, en note. — *Les Dernières Colonnes de l'Église*. Coppée, Le Révérend Père Judas, Brunetière, Huysmans, Bourget, etc. Le dernier poète catholique. Paris, *Mercure de France*, 1903. IV. *J.-K. Huysmans de l'Académie Goncourt*, recto 61, verso 62, blanc (n. ch.). L'étude commence recto 63 (n. ch.) et se termine au verso 128. De la page 121

(n. ch.) à la page 128, ce sont, en quelque sorte, des appendices : Extraits du journal *Le Temps*, 1er et 2 mai 1903. Opinion d'un bénédictin de Ligugé sur M. Huysmans, p. 121 (n. ch.), 126-128 ; Lettre de Huysmans au directeur du *Temps*, en réponse à cette interview. — *Sur la tombe de Huysmans*, collection « Curiosités littéraires », Laquerrière, s. d. (1913). — *Le Pal*, suivi des *Nouveaux propos d'un entrepreneur de démolitions*. (L'Oracle des Mufles ; au sujet d'une conférence de Sarcey sur Huysmans, p. 246 et s.). Paris, Stock, 1925, in-12.

BOFA (GUS). *Synthèses littéraires et extra-littéraires*. Paris, Mornay, 1923.

BOUCHER (GUSTAVE). *Une séance de spiritisme chez J.-K. Huysmans*, Niort, 1908. — *Une séance de spiritisme chez J.-K. Huysmans*, avec une lettre-préface de Lucien Descaves. Paris, Ficker, 1910.

BOURG (DOM ANTOINE DU). *Huysmans intime* (Lettres et souvenirs). Paris, Librairie des Saints-Pères, 1908.

BREMOND (HENRI). J.-K. Huysmans. *Le Correspondant*, 10 juin 1907.

BRICAUD (JOANNY). *Huysmans, occultiste et magicien*, avec une notice sur les hosties magiques qui servirent à Huysmans pour combattre les envoûtements. Paris, Chacornac, 1913. — *J.-K. Huysmans et le satanisme* (d'après des documents inédits). Paris, Chacornac, 1913.

BRISSON (ADOLPHE). *Portraits intimes*, t. IV. Paris, Armand Colin, 1899.

BROUSSOLLE (ABBÉ). Sur *La Cathédrale*. *Quinzaine*, 1er mars 1898.

BROUSSON (J.-J.). Sur la tombe de Huysmans. *Gil Blas*, 14 décembre 1913. — La conversion de Huysmans. *Gil Blas*, 8 mai 1914.

BRUNETIÈRE (FERDINAND). *Le roman naturaliste.* (Les petits naturalistes.) Paris, Calman-Lévy, s. d. (1891).

BRUYN (EDMOND DE). *Réflexions sur M. Huysmans.* Société belge de librairie. Bruxelles, 1898.

BUCAILLE (VICTOR). Huysmans. Sa conversion. *Revue Montalembert*, 25 avril 1910.

BUET (CHARLES). *Médaillons et Camées.* Paris, E. Giraud, 1885.

BUET (CHARLES). *Grands hommes en robe de chambre* (J.-K. Huysmans). Paris, Société libre d'édition des gens de lettres, 1897.

BURY (R. DE). (Remy de Gourmont.) Huysmans et Forain, d'après un article de Maurice-Verne. *Mercure de France*, 1er décembre 1911.

CALDAIN (JEAN DE). La genèse de *Là-Bas*. *Revue des Français*, mai 1914. — Le Satanisme est-il pratiqué aujourd'hui ? *Matin*, 21 mars 1908 (Voir Céard Henry).

CAPPERON (JOSEPH). *Notes d'art et de littérature.* (M. J.-K. Huysmans. L'humanisme naturaliste et le sensualisme mystique). Paris, Armand Colin, 1897.

CARBONNELLE (HENRI). Conversation avec Huysmans au sujet des livres qui précédèrent sa conversion. *Gil Blas*, 2 mai 1904.

CAREZ (FRANÇOIS). Sur les logis d'Huysmans. *Gazette de Liège*, 5 août 1920.

CÉARD (HENRY). Huysmans converti. *Le Matin*,

2 mars 1895. — Au bord du passé. *Événement*, 3 décembre 1898. — J.-K. Huysmans. *La Grande Revue*, 25 mai 1907. — Huysmans raconté par... *Le Censeur*, juin 1907.

CÉARD (HENRY) ET JEAN DE CALDAIN. J.-K. Huysmans intime. *Revue hebdomadaire*, 25 avril, 2 et 9 mai, 14, 21 et 28 novembre 1908.

CHAMPSAUR (FÉLICIEN). Article sur le groupe naturaliste. *Figaro*, 20 octobre 1879.

CHARBONNEL (VICTOR). Les mystiques dans la littérature présente. *Mercure de France*, juin 1896. (Reproduit dans le volume publié au *Mercure de France*, en 1897). — Huysmans avec les moines. *La Raison*, 10 février et 10 mars 1914.

CHARCOT (J.-B.). Réponse à l'article de Jean de Caldain : « Le Satanisme est-il pratiqué aujourd'hui ? » *Matin*, 22 mars 1908.

CLARETIE (JULES). Au sujet du *Drageoir à épices*. *Illustration*, 5 décembre 1874.

COLLIÈRE (MARCEL). J.-K. Huysmans et le mysticisme naturaliste. *Mercure de France*, 1er juin 1907.

COPPÉE (FRANÇOIS). Sur *La Cathédrale*. *Le Journal*, 10 mars 1898. — Opinion sur Huysmans. *Revue des Flandres*, Lille, n° 5, juin 1907.

COQUIOT (GUSTAVE). Une messe. *Nouvelle Revue*, 1er octobre 1903. — *Le vrai J.-K. Huysmans*, avec un portrait nouveau, par J.-F. Raffaëlli. Préface de J.-K. Huysmans (Lettre autographe en fac-similé). Paris, Charles Bosse, 1912.

COURTELINE (GEORGES). Les Jeunes, 27 septembre 1884. Article reproduit dans *Comœdia*, le 14 décembre 1925.

CROQUEZ (ALBERT). Opinion sur Huysmans. *Revue des Flandres*, Lille, n° 5, juin 1907.

CROSNIER (ABBÉ ALEXIS). *Les convertis d'hier* (J.-K. Huysmans). Paris, s. n. e., 1908.

DAUDET (Mme ALPHONSE). *Souvenirs autour d'un groupe littéraire.* Paris, Fasquelle, 1910.

DAUDET (LÉON). A propos de J.-K. Huysmans. *Revue hebdomadaire*, 8 juin 1907. — *Fantômes et vivants* (Le grenier Goncourt). Paris, Nouvelle librairie nationale, 1914. — *Vers le Roi.* Nouvelle librairie nationale, 1921. — *Les œuvres dans les hommes* (Edmond de Goncourt et son Grenier). Paris, Nouvelle librairie nationale, 1922.

DEFFOUX (LÉON). J.-K. Huysmans et le Président Loubet. *Mercure de France*, 15 mai 1920. — Un projet de monument à J.-K. Huysmans. *Mercure de France*, 1er mars 1920, 15 février 1922. — J.-K. Huysmans, M. Gustave Geffroy et *Madame X. Mercure de France*, 15 avril 1924. — Le 18, rue Jacob, P.-J. Hetzel et J.-K. Huysmans. *Mercure de France*, 1er mai 1925.

DEFFOUX (LÉON) et ZAVIE (ÉMILE). *J.-K. Huysmans, converti littéraire* (avec un masque, par Octave Véret). Paris, Éditions des Écrits français, 1914. — *Le Groupe de Médan* (Huysmans, converti littéraire). Paris, Crès, 1924.

DELANOY (K.). J.-K. Huysmans. Extrait de la *Revue de Lille*, février-mars 1899. Paris, Sueur-Charruez, 1899.

DELFOUR (ABBÉ). *La religion des contemporains.* Paris, Lecène et Oudin, t. I, 1895.

DERRICY (M.). La médecine dans l'œuvre de Huysmans. *France médicale*, 25 février 1913.

DESBEAUX (ÉMILE). Au sujet des *Sœurs Vatard*. *La Presse Illustrée*, 16 mars 1879.

DESCAVES (LUCIEN). Ceux de Médan : J.-K. Huysmans. *Figaro*, Supplément littéraire, 28 avril 1888. — J.-K. Huysmans. *L'Événement*, 25 avril 1891. — Huysmans (Sur les étapes d'une conversion). *Écho de Paris*, 6 février 1898. — Une bonne journée (J.-K. Huysmans à l'abbaye bénédictine de Ligugé). *Écho de Paris*, 29 avril 1900 et *Almanach littéraire*, Crès, 1917. — Le P. Allard (indications données par Huysmans à M. Lucien Descaves sur les mémoires du Père Allard, un des prêtres qui fut fusillé avec les Otages, en mai 1871, rue Haxo). *Figaro*, 27 mai 1907. *Patriote*, Bruxelles, 30 mai 1907. — Préface pour les *Sœurs Vatard*, édition illustrée, par J.-F. Raffaëlli. Paris, Ferroud, 1909. — Lettre préface pour *Une Séance de spiritisme chez J.-K. Huysmans*, de Gustave Boucher. Paris, Ficker, 1910. — Descente aux enfers (au sujet de l'abbé Fontaine, « qui prépara Huysmans à la mort »). *Journal*, 20 janvier 1910. — Introduction pour les *Pages choisies*. Paris, J.-M. Dent, 1913. — Huysmans à La Trappe. *Journal*, 22 janvier 1923. — Sur Huysmans et la Légion d'honneur. *Intransigeant*, 11 avril 1920, et *Journal*, 30 juillet 1923. — Avertissement à la *Revue Européenne*, au sujet de la publication de lettres de Huysmans à Verlaine. *Journal*, 7 mai 1923. — Un ami de Huysmans : G. Landry. *Journal*, 21 juillet 1924. — Maman Thibaut.

Œuvre, 15 janvier 1926. — Préfaces pour *Là-Bas*, 1926, et pour *En Marge*, 1927.

DESCHAMPS (GASTON). L'apocalypse de M. Huysmans (dans le tome II de *La Vie et les Livres*). Paris, Armand Colin, 1895.

DES ROCHES (CLAUDE). Le cas Durtal. *La Revue thomiste*, septembre 1898.

DIMIER (LOUIS). Opinion sur Huysmans. *Revue des Flandres*, Lille, n° 5, juin 1907. —*Souvenirs* (J.-K. Huysmans et Esquirol). Paris, Nouvelle librairie nationale, 1920.

DOSSAT (A.). Le souvenir de Huysmans. *La Croix*, 24 janvier 1913.

DOUMIC (RENÉ). *Les jeunes*. Paris, Perrin, 1896.

DRUILHET (GEORGES). Un amateur de lettres : Georges Landry. *Mercure de France*, 1er octobre 1912.

DRUMONT (EDOUARD). Opinion sur Huysmans. *Revue des Flandres*, Lille, n° 5, juin 1907.

DUFAY (PIERRE). Les logis de J.-K. Huysmans. *Intermédiaire des chercheurs et curieux*, 10, 20, 30 juin 1918 (LXXVII), C. 495, 498, 10, 20, 30 septembre 1921 (LXXXIV), C. 123-124, 271-272 (Gilles de Rais).

DU FRESNOIS (ANDRÉ). *Une étape de la conversion de Huysmans*, d'après des lettres inédites à Mme de C. (Courières). *Grande Revue*, 15 mai 1911, Dorbon éditeur. Paris, 1912 (retiré du commerce à la demande des exécuteurs testamentaires de Huysmans).

DUMESNIL (GEORGES). Opinion sur Huysmans. *Revue des Flandres*, Lille, n° 5, juin 1907.

DUMESNIL (RENÉ). Huysmans et les derniers jours d'Igny. *La Revue hebdomadaire*, 20 novembre 1920. — *La Trappe d'Igny, retraite de J.-K. Huysmans*. Paris, Morancé, 1923. — Chronique flaubertienne. Le quatrième volume de la Correspondance de Flaubert : Flaubert et Huysmans. *Les Marges*, 15 janvier 1926.

DURANDAL. *Revue catholique d'art et de littérature*. Numéro spécial. Bruxelles, juin 1907.

ERNEST-CHARLES (J.). La littérature française d'aujourd'hui (J.-K. Huysmans, p. 114-119. Paris, Perrin, 1902). Les samedis littéraires (2e série, l'*Oblat*, p. 126-135. Paris, Perrin, 1904).

FÉRÉ. *La pathologie des émotions*, Paris, Alcan, 1892. *Figaro*, 10 janvier 1893.

FIGARO. Au sujet des incidents Boullan-Guaita, etc., 10 janvier 1893. — *Note sur les dernières volontés de J.-K. Huysmans*, 14 juin 1907. — Supplément littéraire des 5 octobre 1907 et 23 mai 1908 (Lettres de J.-K. Huysmans commentées par J. de Narfon). 10 mai 1924, articles de Gustave Kahn et Octave Uzanne. — J.-K. Huysmans fonctionnaire, par René Turpin, Supplément littéraire, 13 mars 1926).

FLAUBERT (GUSTAVE). *Correspondance* (Édition du Centenaire, t. IV). Paris, Librairie de France, 1925.

FLORENCE (JEAN). J.-K. Huysmans. *Le Parthénon*, 5 juin 1912.

FLORIAN-PARMENTIER. Opinion sur Huysmans. *Revue des Flandres*, Lille, n° 5, juin 1907.

FOIRET (F.). Étude sur les domiciles de Huysmans. *Bul-*

letin de la Société Historique du VIe arrondissement, 1er semestre 1912. (Foiret était premier clerc chez Bossy, notaire des Goncourt, rue des Pyramides.)

FOUCHER (PAUL). Au sujet des *Sœurs Vatard. National*, 6 avril 1879.

FOUQUIER (MARCEL). *Profils et portraits*. Paris, Lemerre, 1891.

F. P. Les souvenirs de Dom Besse sur J.-K. Huysmans. *Le XXe siècle*. Bruxelles, 30 mai 1907.

FRANCHE (P.). *Le prêtre dans le roman*. Paris, Perrin, 1902.

FREY (E.). La langue de J.-K. Huysmans. Dans les *Mélanges de Philologie* offerts à Ferdinand Brunot professeur d'histoire de la langue française à l'Université de Paris, à l'occasion de sa 20e année de professorat dans l'enseignement supérieur, par ses élèves français et étrangers. Paris, Société nouvelle de librairie et d'édition, 1904.

FRIERSON WILLIAM (C.). *L'influence du naturalisme français sur les romanciers anglais de 1885 à 1900*. Paris, Giard, 1925.

GEFFROY (GUSTAVE). *Notes d'un journaliste* (J.-K. Huysmans). Paris, Charpentier, 1887. — J.-K. Huysmans mystique. L'*Aurore*, 24 mai 1907.

GIL BLAS. Au sujet des incidents Boullan-Guaita, 9, 11, 14 et 15 janvier 1893.

GIRODIE (ANDRÉ). Opinion sur Huysmans. *Revue des Flandres*. Lille, n° 5, juin 1907.

GONCOURT (JOURNAL DES). Voir Index général des noms, tome IX, page 412.

GOURMONT (REMY DE). Notes sur Huysmans. Là-Bas et ailleurs. *Mercure de France.* T. II, p. 321, 1891. — *Le Livre des Masques.* Paris, *Mercure de France,* 1896. — *Promenades littéraires,* 3e série. *Mercure de France,* 1904. — Les Foules de Lourdes. Dialogues des amateurs. *Mercure de France,* 1er novembre 1906. — Epilogues (Convertis). *Mercure de France,* 1er juin 1907. — Huysmans et la cuisine. *Paris-Journal,* 9 septembre 1910.

GOURMONT (JEAN DE). Sur les lettres inédites de Huysmans à Esquirol. *Mercure de France,* 15 septembre 1920.

GRAPPE (GEORGES). Huysmansiana. *L'Opinion,* 16 mars 1912.

GRASSET (PROFESSEUR V.). *Demi-fous et demi-responsables.* Paris, Alcan, 1907.

GUAITA (STANISLAS DE). *Essais de sciences maudites.* II. Le Serpent de la Genèse, première septaine. Le Temple de Satan. Paris, G. Carré, 1890-1897.

GUICHES (GUSTAVE). Souvenirs de la vie littéraire. *Revue de France,* 1er janvier 1926. — *Au banquet de la Vie.* Paris, Éditions Spes, 1925. — *Le Banquet,* Paris, Éditions Spes, 1926.

GUILLOT DE SAIX. J.-K. *Petit Bleu,* 20 juillet 1922.

HENNEQUIN (ÉMILE). *Études de critique scientifique.* Paris, Perrin, 1890.

HUGONNET (PAUL). Mimes et Pierrots (au sujet du Pierrot sceptique de Huysmans et Hennique, p. 218-222). Paris, Fischbacher, 1889.

HURET (JULES). *Enquête sur l'évolution littéraire.* Paris, Charpentier, 1891. — *Tout yeux tout oreilles* (chez J.-K. Huysmans). Paris, Fasquelle, 1901.

INTERMÉDIAIRE DES CHERCHEURS ET CURIEUX. Table générale, p. 438. Table Pierre Dufay, p. 569 et 570.

JANET (P.). *Les obsessions et la psychasténie.* Paris, Alcan, 1903. — *Les névroses et idées fixes.* Paris, Alcan, 1898.

JAUDON (HENRY). Une prophétie réalisée (Huysmans et les cloches). *Journal des Débats,* 16 avril 1921.

KAHN (GUSTAVE). Les inquiétudes d'Huysmans. *Figaro, Supplément littéraire,* 10 mai 1924. (Reproduit dans *Silhouettes littéraires.* Paris, Éditions Montaigne, 1925.)

KINON (VICTOR). *Portraits d'auteurs* (1re et 2e séries). Bruxelles, Dechenne, 1910.

KLEIN (ABBÉ). Sur *En route. Le Monde,* 12 mars 1895.

LA JEUNESSE (ERNEST). *Les nuits, les ennuis et les âmes de nos plus notoires contemporains.* (L'âme de Huysmans). Paris, Perrin, 1896.

LALOU (RENÉ). *Histoire de la littérature française.* Paris, Crès, 1922.

LANGÉ (GABRIEL-URSIN). La rue de Babylone. *Les Images de Paris,* 10 juillet 1920. — Bords de Bièvre ou le miroir de J.-K. Huysmans. *Images de Paris,* no 12, septembre 1920. — La maison natale de J.-K. Huysmans. *Intransigeant,* 1er février 1923. — La rue natale de J.-K. Huysmans. *Paris-Midi,* 29 décembre 1924. — Les vraies sources du Huysmans-Club. *La Mouette,* Le Havre, février 1925. — A propos de J.-K. Huysmans (Divergences). *La Mouette* Le Havre, avril 1925 (Voir Poinsot M.-C.).

LANSON (GUSTAVE). *Manuel bibliographique de la littérature française moderne*. Paris, Hachette, 1921.

LAVALÉE (Dr GEORGES). *Essai sur la psychologie morbide de Huysmans*. Paris, Viget, 1917.

LAVALÉE (Dr GEORGES). En songeant à Huysmans. (Sonnet dédié à G.-U. Langé.) *La Mouette*, Le Havre, février 1925.

LAVAUD (GUY). Lettre au sujet d'un article de Pierre Lièvre dans *Les Marges* sur le personnage de des Esseintes et sur le comte de Montesquiou. *Les Marges*, 15 avril 1920.

LAZARE (BERNARD). *Figures contemporaines*. Paris, Perrin, 1894

LEBÈGUE (PHILÉAS). Opinion sur Huysmans. *Revue des Flandres*. Lille, no 5, juin 1907.

LE CARDONNEL (GEORGES) et VELLAY (CHARLES). *La littérature contemporaine* (1905). Paris, *Mercure de France*, 1905.

LECLAIR (L.). Chronique (sur la constitution physique d'Huysmans). *Lyon républicain*, 30 mai 1907.

LE GOFFIC (CHARLES). Article de la *Grande Encyclopédie*, tome XX, page 431.

LEMAÎTRE (JULES). *Les Contemporains*. Tomes I et VII. Paris, Société française d'Imprimerie et de librairie, s. d. — La Conversion de J.-K. Huysmans. *La Revue française politique et littéraire*, 25 mai 1907.

LEPARC SUZY (LOUIS THOMAS). *Petits mémoires de la vie littéraire*. Paris, Sansot, 1910

LEPELLETIER (EDMOND) *Emile Zola, sa vie, son œuvre*. Paris, *Mercure de France*, 1908.

L'ESCRITOIRE (JEAN DE). — ANDRÉ BILLY. — Sur la tombe d'Huysmans. *Paris-Midi*, 23 décembre 1913.

LEVRAT (Dr ÉTIENNE). La médecine dans l'œuvre de Huysmans. *Mercure de France*, 16 janvier 1913

LIONNET (J.). De Marchenoir à Durtal (Léon Bloy et Huysmans). *La Quinzaine*, 16 mai 1903. — *L'évolution des idées chez quelques-uns de nos contemporains*. T. I et II. Paris, Perrin, 1904 et 1906.

LORRAIN (JEAN). J.-K. Huysmans. *Événement*, 1er décembre 1889. — *Du temps que les bêtes parlaient*. Paris, *Courrier Français*, s. d.

MACROBE (AMBROISE). *La flore pornographique*. Glossaire de l'école naturaliste, extrait des œuvres de M. Émile Zola et de ses disciples. Paris, Doublelzévir, 1883.

MAGNAN et LEGRAIN. *Les dégénérés*, Bibliothèque Charcot-Debove. Paris, 1895.

MARMANDE (R. DE). Article sur Huysmans et le R. P. Dom Besse. *La Vérité*, 19 juin 1918.

MARTIN (GEORGES). Incident littéraire. On voudrait empêcher de publier les lettres intimes. Opinion de M. Lucien Descaves sur la publication, par la *Revue Européenne*, de la correspondance Huysmans-Verlaine. *La Presse*, 8 mai 1923.

MARTINEAU (RENÉ). *Promenades biographiques*. Paris, Librairie de France, 1920 — Léon Bloy et Georges Landry *Cahiers Léon Bloy*, mars-avril 1925.

MARTINO (P.). *Le naturalisme français*. Paris, Armand Colin, 1923.

MARX (ROGER). La Cathédrale. *Revue encyclopédique*, 24 décembre 1898. — J.-K. Huysmans, avec un portrait, par J.-F. Raffaëlli. Paris, Ed. Kleimann, 1893. Plaquette in-4° (tirage à part de *l'Artiste* imprimé à 37 exemplaires).

MATHIEX (PAUL). Conversions (sur Coppée et Huysmans). *La Patrie*, 21 octobre 1913. — Avant la foi. *La Patrie*, 13 juillet 1914. — La Sincérité d'une conversion. *Action française*, 11 août 1923. — Sur la maison de J.-K. Huysmans. Du satanisme à la foi. *La Presse*, 13 mars 1924. — Au sujet de l'apposition d'une plaque commémorative sur la maison natale de Huysmans. *Presse*, 13 et 21 mars 1924.

MAUPASSANT (GUY DE). Sur les *Soirées de Médan*. *Gaulois*, 17 avril 1880.

MAURICE-VERNE. Huysmans et Forain, article de l'*Intransigeant* commenté par R. de Bury (Gourmont). *Mercure de France*, 1er décembre 1911.

MAURIS (JULES) — MAURICE GARÇON —. Sur les raisons du départ de Huysmans de l'abbaye de Ligugé. *Intermédiaire des chercheurs et curieux*, n° 1488, vol. LXXVIII, CCXVIII et s.

MAURRAS (CHARLES). Les succès de M. Huysmans, sa race, son style, sa langue spiritualiste de *En route* ou le Mystique à ses fourneaux, *Revue encyclopédique*, avril 1895. — *Pages littéraires choisies*, Librairie nationale, 1922.

MAURY (LUCIEN). *Figures littéraires*. Paris, Perrin, 1911.

MAYERAS (LÉOPOLD). J.-K. Huysmans. *Revue idéaliste*, 1er juin 1907.

MAZEL (HENRI). Opinion sur Huysmans. *Revue des Flandres*. Lille, n° 5, juin 1907.

MEUNIER (A.) (pseudonyme de Huysmans). Biographie de J.-K. Huysmans pour les *Hommes d'aujourd'hui* (n° 263, 6e volume). Vanier, éditeur.

MEURGEY (J.). En marge de Huysmans. Les médailles de Saint-Benoît. Paris, Champion, 1917.

MILLAUD (ED.). Journal d'un parlementaire. *Nouvelle Revue*, 1er août 1920. Réponse de M. E. Ogier, *Mercure de France*, 1er novembre 1920.

MIOMANDRE (FRANCIS DE). J.-K. Huysmans. *La France*, 10 janvier 1913.

MONSELET (CHARLES). Au sujet du *Drageoir à épices*, *Événement*, 10 décembre 1874.

MONVAL (JEAN). Huysmans et Coppée (1877-1907) d'après des souvenirs de Coppée et des lettres inédites de Huysmans. *Le Correspondant*, 10 juillet 1925.

MORICE (CHARLES). *La littérature de tout à l'heure*. Paris, Perrin, 1889.

MONTESQUIOU (ROBERT DE). Les pas effacés. Paris, Émile Paul, 1923.

MUGNIER (ABBÉ). La Cathédrale. *Le Correspondant*. T. CXC, p. 982-985, 10 mars 1898. — Préface aux *Pages Catholiques*. Paris, Oudin, 1900. — Correspondance inédite de J.-K. Huysmans. Le cahier de l'abbé Mugnier. *Le Figaro, Supplément littéraire*, 5 octobre 1907.

MUHLFELD (LUCIEN). *Le monde où l'on imprime* (Trois

bons médanistes : Céard, Huysmans, Descaves). Paris, Perrin, 1897.

MYRIAM-HARRY. En mémoire de J.-K Huysmans (Documents inédits). *Revue de Paris*, 15 mai 1908. — *Le tendre cantique de Sonia. Œuvres libres*, n° 4, octobre 1921 (cf. Passim, détails sur Huysmans sous le nom de J.-P. Mirmans).

NARFON (JULIEN DE). Correspondance inédite de J.-K. Huysmans. Le cahier de l'abbé Mugnier. *Le Figaro. Supplément littéraire*, 5 octobre 1907. — Huysmans. Nouvelles lettres inédites. *Figaro, Supplément littéraire*, 23 mai 1908.

NESMY (JEAN). Opinion sur Huysmans. *Revue des Flandres.* Lille, n° 5, juin 1907.

NORDAU (MAX). *Dégénérescence* (Tome II). Paris, Alcan, 1894.

PACHEN (R.-P.). *De Dante à Verlaine* (Dante, Spencer, Shelley, Huysmans, Verlaine). Paris, Plon, 1897.

PAULHAN (F.). Huysmans et son œuvre. *Nouvelle Revue*. T. CXI, p. 385-398-607-623 ; 1898.

PELLISSIER (GEORGES). Cf. chapitre sur le roman dans l'*Histoire de la Langue et de la Littérature française des origines à 1900*, par L. Petit de Julleville, tome VIII. Paris, Armand Colin, 1899. — *Essais de littérature contemporaine*, Lecène et Oudin, 1893 et Perrin, 1898.

PÉRATÉ (ANDRÉ). La Bièvre et Saint-Séverin, *Polybiblion littéraire*, tome XLIX, 1899.

PETIT BOTTIN DES LETTRES ET DES ARTS. Joris-Karl Huysmans. Paris. E. Giraud, 1886.

PETIT DE JULLEVILLE. Voir Georges Pellissier.

PETITES AFFICHES. Acte de vente du fond de brochage Og : 17 juillet 1877 et 13 octobre 1892.

PHALÈNE. Poème sur les perplexités de J.-K. Huysmans, fonctionnaire, devant la clause du testament Goncourt qui éloigne les fonctionnaires de l'Académie des Dix. *Les Annales*, 23 août 1896

PICARD (GASTON). L'auteur de *la Cathédrale* a-t-il habité Chartres? *La Renaissance politique et littéraire*, 9 août 1924.

POINSOT (M.-C.) et LANGÉ (G.-U.). *Les Logis de J.-K. Huysmans* (avec une préface de Léon Deffoux). Paris, La Maison française d'art et d'édition, 1919.

PONCHEVILLE (DE). Huysmans après *Là-Bas*. *L'Occident*, mai 1912.

PRAVIEL (ARMAND). Opinion sur Huysmans. *Revue des Flandres* (Lille), n° 5, juin 1907. — Mort d'un personnage de Huysmans (M. Charles Rivière : M. Bruno *d'En Route*) ; *Mercure de France*, 16 août 1912.

QUIRIELLE (PIERRE DE). Joris Karl Huysmans. *Journal des Débats*, 28 avril 1908.

RACHILDE. *L'Oblat*. *Mercure de France*, avril 1903.

RAYNAUD (ERNEST). Les écrivains de filles (Zola, Goncourt, Huysmans). *Mercure de France*, juillet 1890.

REBOUX (PAUL) et MULLER (CHARLES). *A la manière de...* (L'Omelette aux confitures). Paris, Grasset, 1920.

REDON (ODILON) *A soi-même* ; des rapports du peintre et de l'homme de lettres. Paris, Floury, 1922. — *Lettres*. (Aucune des lettres de Redon à Huysmans n'a pu être retrouvée), cf. p. 8 et 17. Paris, G. Van Oest et Cie, 1923.

REFORT (LUCIEN). Huysmans caricaturiste. *Le Figaro, supplément littéraire*, 30 août 1924.

REGGIO. Au seuil de leur âme. *Revue encyclopédique*, 12 août 1893; *Revue de Psychiâtrie*, septembre 1903. Paris, Perrin, 1904.

RÉGNIER (HENRI DE). De Régnier contre J.-K. Huysmans, par G. M. *Revue indépendante*, n° 71, septembre 1892-1926.

RENARD (GEORGES). *Critique de combat*, tome III. Paris, Dentu, 1897.

RENARD (JULES). *Journal*. Paris, Bernouard, 1925-1926.

RENAULD (ERNEST). Opinion sur Huysmans. *Revue des Flandres*. Lille, n° 5, juin 1907.

RETTÉ (ADOLPHE). *Quand l'esprit souffle* (J.-K. Huysmans, p. 17 à 109). Paris, Messein, 1914. — *La basse-cour d'Apollon*. Mœurs littéraires (J.-K. Huysmans). Paris, Messein, 1924.

REVUE DES FLANDRES ET DES PROVINCES FRANÇAISES. Lille, n° 5, juin 1907. Numéro consacré à Huysmans : les derniers moments de J.-K. Huysmans, par M. et J. de Caldain. — Quelques opinions, par Joseph Ageorges, Maurice Barrès, René Bazin, Guy de Cassagnac, Charles Clarisse, François Coppée, Albert Croquez, Louis Dimier, Edouard Drumont, Georges Dumesnil, André Girodie, Philéas Lebègue, Henri Mazel, Jean Nesmy, Florian-Parmentier, Armand Praviel, Ernest Renauld, Émile Verhaeren. — La réponse de Barrès est à citer en entier : « Mon cher Croquez, il faut être sincère, n'est-ce pas ? Je dois vous avouer et m'avouer à moi-même que je n'ai jamais lu de Huysmans que *A Vau-l'eau* jadis, jadis, et puis, lors de son apparition, des Esseintes, qui m'a bien amusé, sans me retenir longtemps, car il me déplaît extrêmement que les délicatesses ou les choses de volupté, soient exprimées avec grossièreté ; c'est ainsi que je répugne à l'œuvre de Rops. C'est probablement cette manière de sentir, cet instinct que je ne justifie pas, mais enfin qui est le mien, qui m'a empêché d'ouvrir depuis lors, aucun ouvrage de Huysmans. Il écrit vraiment trop mal. Et pourtant à peine ce mot lâché, je remets en question ma pensée elle-même. Vais-je dire qu'il écrivait mal s'il se traduisait bien ? On ne peut pas tout aimer. Cet écrivain appartient à une espèce où je répugne. Ceci dit, je m'incline devant la noblesse morale, l'évidente sincérité attestées par une mort héroïque de calme et de dignité. Je vous serre la main. Barrès ».

RIBOT (THÉODULE). *L'hérédité psychologique*. Paris, Alcan, 1882. — *Les maladies de la volonté*. Paris, Alcan, 1888. — *La psychologie des sentiments*. Paris, Alcan, 1896.

RICHARD (ÉLIE). La constance du satanisme, la vraie histoire de Gilles de Rais. *Mercure de France*, 1er novembre 1921.

RICHEPIN (JEAN). Sur les *Soirées de Médan*. *Gil Blas*, 21 avril 1880.

RIGNÉ (RAYMOND DE). *La Cité vivante*. (Récits dans le style de Huysmans, de Conan Doyle et de Paul Bourget). Paris, la Renaissance universelle, 1922.

ROD (EDOUARD). La Conversion de J.-K. Huysmans. *Les Annales*, 4 décembre 1898.

RODENBACH (G.). *L'Élite.* Paris, Fasquelle, 1898.

ROSNY AINÉ (J.-H.). *Torches et Lumignons*; Souvenirs de la vie littéraire. Paris, *La Force française*, 1921. — L'Académie Goncourt, Mémoires de la vie littéraire. *Renaissance d'Occident*, janvier 1924.

SABATIER (PIERRE). *L'esthétique des Goncourt.* Paris, Hachette, 1920.

SAGERET (JULES). Les grands convertis (Paul Bourget, J.-K. Huysmans, Brunetière, Coppée). *Mercure de France*, 1906.

SALMON (ANDRÉ). Léon Bloy et Huysmans, *Gil Blas*, 14 décembre 1903. — Huysmans à la Sûreté générale. *L'Homme libre*, 7 février 1914.

SALOMON (M.). Art et littérature. Paris, Plon, 1901.

SCANTREL (YVES) (Voir Suarès André).

SCHEFFER (ROBERT). *Plumes d'oies et plumes d'aigles*; figures littéraires, XI. J.-K. Huysmans. Paris, édition de *Pan*, 1911.

SCHWAEBLÉ (RENÉ). *Le sataniste flagellé.* Satanistes contemporains. Paris, Daragon, 1912. — Lettre aux Treize sur Bricaud et Huysmans. *L'Intransigeant*, 25 août 1913.

SÉGUR (MARQUIS DE). Sur la conversion de Huysmans. *Univers*, 20 novembre 1897.

SOUDAY (PAUL). Sur les livres de Coquiot et de du Fresnoys. *Le Temps*, 9 octobre 1912. — *Les livres du temps.* Tomes I et II. Paris, Emile Paul, 1913-1914. — A propos du chanoine Richard et de Huysmans. *Paris-Midi*, 10 mai 1916. — *Le Drageoir aux épices. Le Temps*, 30 octobre 1916.

— Au sujet de Huysmans et du XIXe siècle. *Le Temps*, 27 septembre 1918.

STROWSKI (FORTUNAT). *Tableau de la littérature française*. Paris, Delaplane, 1912.

SUARÈS (ANDRÉ), (Sous le pseudonyme Yves Scantrel). *Sur la Vie*, essais. (Huysmans, Conversion). *Grande Revue*, 1909.

TAILHADE (LAURENT). *Quelques fantômes de jadis*. Paris, Édition française illustrée, 1920. — *Carnet intime*. Paris, Kra, 1920.

TALMEYR (MAURICE). Visite à Huysmans à Ligugé. *Matin*, 27 mai 1901. — J.-K. Huysmans. *Gaulois*, 18 mai 1907. — Du Club au Cloître. *Gaulois*, 8 juillet 1909. — Souvenirs. *Correspondant*, 15 janvier 1926.

TALVART. Fiches Huysmans (5 fiches : 161 à 165), 30 juillet 1925 ; Paris, Henri Goulet, 1925.

THÉAUX (MARCEL). A propos de *L'Oblat*, *La Grande Revue*, 1er mai 1903.

THÉRIVE (ANDRÉ). *Émilienne*, nouvelle inspirée par *Les Sœurs Vatard*. *Revue hebdomadaire*, 23 avril 1921. — *J.-K. Huysmans, son œuvre*. Paris. *La Nouvelle revue critique*, 1924.

TURPIN (RENÉ). J.-K. Huysmans fonctionnaire. *Figaro*, *Supplément littéraire*, 13 mars 1926.

UZANNE (OCTAVE). J.-K. Huysmans. *La Dépêche de Toulouse*, 16 mai 1907. — Un suprême dégoûté : J.-K. Huysmans, réaliste mystique. *Figaro*, *Supplément littéraire*, 10 mai 1924.

VALENTIN (CHANOINE L.). *Les foules de Lourdes*. Conférence donnée à l'Institut catholique de Toulouse le 14 février 1907, remaniée et complétée pour publication dans la revue l'*Université catholique*. Lyon, 15 mai-15 août 1907.

VALÉRY (PAUL). « Durtal », *Mercure de France*, mars 1898. — Souvenirs sur Huysmans, *Revue de France*, 15 septembre 1925 et *Nouvelles littéraires*, 2 janvier 1926.

VAN DEN BOSCH (FIRMIN). *Joris Karl Huysmans*. Gand, A. Siffer, 1895. — J.-K. Huysmans. *Essais de Critique catholique*, 1898.

VANDÉREM (FERNAND). Au sujet de Huysmans et du XIXe siècle. *La Revue de Paris*, 15 septembre 1918. — *Nos manuels d'histoire littéraire*. Paris, Renaissance du Livre, 1923.

VERHAEREN (ÉMILE). Opinion sur Huysmans. *Revue des Flandres*. Lille, n° 5, juin 1907.

VEUILLOT (PIERRE). Sur *En Route*. *Univers*, 6 mars 1895.

VINGT-CINQ ANS DE LITTÉRATURE, ouvrage publié sous la direction d'Eugène Montfort. Librairie de France, 1925.

VIOLLIS (JEAN). La littérature pathologique : Huysmans. *Chronique médicale*, 15 mai 1907.

VRONCOURT (RAYMOND). *Huysmans et l'âme des foules de Lourdes*. Cet ouvrage est suivi d'un répertoire de l'œuvre catholique de Huysmans. Tours, Ménard, 1910. — *Autour de Huysmans*, plaquette. Tours, Ménard, 1910.

WILDE (OSCAR). Lettre à Robert Ross (1896) dans *De Profundis* précédé de lettres écrites de la prison. Paris, *Mercure de France*, 1926.

Wolff (Albert). Sur les *Soirées de Médan*. *Figaro*, 19 avril 1880.

XX. A la mémoire de J.-K. Huysmans, *Journal de Bruxelles*, 31 mai 1907.

Yvignac (Henry d'). Georges Landry, *Intransigeant*, 1er août 1924.

Zadig. Huysmans, *Revue bleue*. Tome XIII, p. 209-211, 1900. — Silhouette parisienne. *Chronique médicale*, 15 mai 1907.

Zavie (Émile). Voir Deffoux (Léon).

Zola (Émile). *Le Roman Expérimental*. Paris, Charpentier, 1880. — *Les romanciers naturalistes*. Paris. Charpentier, 1881. — *Correspondance*, tome II, les Lettres et les Arts. Paris, Charpentier, 1908.

IV

QUELQUES ARTICLES NÉCROLOGIQUES

ALLEMAGNE. *Hanneverscher Courier Hannover*, 22 mai 1907.

ANGLETERRE. *Nation*. Londres, 18 mai 1907. *The Academy*. Londres, 18 mai 1907. *The Illustrated London News*, 18 mai 1907. — *Modern Society*, Londres, 25 mai 1907.

ANONYMES. La mort de M. J.-K. Huysmans. Au domicile mortuaire. La lettre de faire part, etc. *Patrie*, 14 mai 1907. — La fin d'un grand écrivain. *Presse*, 14 mai 1907. — *Petit Journal*, 14 mai 1907. — La mort de Huysmans. *La Croix de l'Algérie*, 19 mai 1907. — Huysmans est mort. *L'Express de Lyon*, 23 mai 1907. — Joris-Karl Huysmans. Questions actuelles, 25 mai 1907. — La foi du porcher. *Vosges républicaines*, Épinal, 29 mai 1907. — Mort du romancier Huysmans. *Le Courrier d'Adamville*, 1er juin 1907. — J.-K. Huysmans. *Le Mois littéraire et pittoresque*, juin 1907.

AMÉRIQUE. *New-York Sun* (New-York), 14 mai 1907. *Evening Post* (New-York), 16 mai 1907.

BIEL (CH.), J.-K. Huysmans. *Écho de Paris*, 14 mai 1907

BLIDI. Article nécrologique. *Le Tell*, Blida, 22 mai 1907.

BOISANDRÉ (A. DE). Au jour le jour. J.-K. Huysmans. *Libre Parole*, 14 mai 1907.

BREMOND (ABBÉ HENRI). Huysmans. *Le Correspondant*, 10 juin 1907.

BRÈS (LOUIS). Chronique ; J.-K. Huysmans. *Le Sémaphore de Marseille*, 26 mai 1907.

BRISSON (ADOLPHE). Silhouette littéraire : J.-K. Huysmans. *Les Annales*, 19 mai 1907. — J.-K. Huysmans. *Indépendance roumaine*, 27 mai 1907.

JOSEPH. (C.) Huysmans. *Chroniqueur de Paris*, 17 mai 1907.

CALDAIN (M. ET J. DE). Les derniers moments de J.-K. Huysmans. *Revue des Flandres*. Lille, n° 5, juin 1907.

COPPÉE (FRANÇOIS). Souvenirs sur J.-K. Huysmans. *Le Gaulois*, 14 mai 1907.

DESCHAMPS (GASTON). J.-K. Huysmans. *Le Temps*, 14 mai 1907.

ÉGYPTE. Kastner. J.-K. Huysmans. *L'Étendard égyptien*. Le Caire, 20 mai 1907. — *Journal du Caire*, 20 mai 1907. (*La Réforme d'Alexandrie*, datée du 19 mai 1907, écrit : « Les agences télégraphiques ne nous ont pas annoncé la mort de J.-K. Huysmans ».)

ESPAGNE. *Pueble Vasco*, de Saint-Sébastien, 28 mai 1907.

FERRIER (CLAUDIEN). La mort de Huysmans, les derniers moments. Comment est mort l'écrivain. — A la maison mortuaire. *Liberté*, 14 mai 1907.

Ferry (René-Marc). J.-K. Huysmans. *Éclair*, 14 mai 1907.

Gaffre (Abbé). *Soleil*, 15 mai 1907.

Grappe (Georges). Joris-Karl Huysmans, écrivain, est mort. *Intransigeant*, 14 mai 1907.

Italie. *Piccole della Sera*, Trieste, 15 mai 1907. — Albertazzi Adolphe, *Il Marzocco*. Florence, 19 mai 1907. — *Gazetta de Parma*. Parme, 21 mai 1907. — *Corrieri di Geneva*, Gênes, 20 mai 1907. — *Il Berice*. Vicence, 14 mai 1907.

Kahn (Gustave). Joris Karl Huysmans. *Gil Blas*, 14 mai 1907.

La Jeunesse (Ernest). Article nécrologique. *Le Journal*, 13 mai 1907.

Lumet (Louis). Joris Karl Huysmans. *Messidor*, 14 mai 1907.

Malherbe (Henri). J.-K. Huysmans. *Journal du Havre*, 26 mai 1907.

Maret (Henry). Carnet d'un sauvage (sur la destruction par Huysmans. d'un certain nombre de ses manuscrits). *Journal*, 14 mai 1907.

Maurevert (Georges). L'Art, le boulevard et la Vie. Heures parisiennes. *Éclaireur de Nice*, 24 mai 1907.

N... : J.-K. Huysmans. *Journal des Débats*, 14 mai 1907.

Narfon (Julien de). Huysmans mystique. *Figaro*, 16 mai 1907.

Pascal (Félicien). Chronique parisienne. *L'Éclaireur de Montpellier*, 31 mai 1907.

ROD (ÉDOUARD). J.-K. Huysmans. *Figaro*, 13 mai 1907.

ROUMANIE. *Dimineata* (*Adevesul*), Bucarest, 31 mai 1907. — *Patria*, Bucarest, mai 1907.

SAINT-HEREM. La mort de M. Huysmans. *Le Monde théâtral*, 26 mai 1907.

SUÈDE. *Aftonbladet*, Stockholm, 14 mai 1907. — *Nyliek-ken*, Stockholm, 15 mai 1907. — *Goteborgs Morgenpost*, Goteborg, 1er mai 1907.

SUISSE. *Semaine littéraire*. Genève, 18 mai 1907. — *Vaterland*, Lucerne, 24 mai 1907. — *Berner Tagenvacht*, Berne, 25 mai 1907. — *Der Katholik*, 25 mai 1907.

TURQUIE. Coq hardi. Lettre de Paris. *Le Moniteur oriental*, de Constantinople, 22 mai 1907.

VEUILLOT (FRANÇOIS). *Univers*, 15 mai 1907.

TABLE

1119. — ÉVREUX IMPRIMERIE CH HÉRISSEY. — 1-27.

www.ingramcontent.com/pod-product-compliance
Ingram Content Group UK Ltd.
Pitfield, Milton Keynes, MK11 3LW, UK
UKHW020253180726
13839UKWH00001B/308

9 782329 558127